ポ パ ー

●人と思想

川村 仁也 著

85

CenturyBooks 清水書院

はじめに

数年まえ、ウィーン大学卒業生で現在はザルツブルク大学でそれぞれ社会学と法学の教鞭をとっておられる二人の教授とお会いしたさい、ポパーのことを話題にしたところ「ああ、ニュー・マルキシズムの……」と同音の返事がかえってきたときのとまどいをいまでも記憶している。トゥールミンとジャニクの『ウィトゲンシュタインのウィーン』によると、ウィトゲンシュタインの『論理哲学論考』はオーストリアでは倫理学の著作として読まれているという。このような報告にイギリスの哲学者はとまどいを感じているのではなかろうか。国によってさまざまなうけとめ方があるのであろう。ポパーはニュー・マルクス主義者であろうか。「現代哲学者叢書」にとりあげられ、ゾニング賞受賞者でもあるポパーは狭義の哲学者としてではなく、広い意味で現代文明の「批判的合理主義者」として知られている。一九七三年五月二六日付「タイムス」は「現代ヨーロッパ文明への寄与」としてコペンハーゲンでのゾニング賞受賞式のもようを伝えている。

ポパーを知ったのは敗戦後、東京教育大学の坂崎侃先生が中心となってひらいていた月例研究会での故市井三郎の報告によってであった。ロンドン大学での研究生活をおえて帰国されてまもなくのことであったように思う。

昭和ひとけた代、ドイツに在外研究員として派遣されていた坂崎先生は現象学を専攻されていたが、論理実証主義にも関心をよせられ、滞独中に蒐集された論理実証主義関係の文献の一部は大学の研究室にも収められていた。ポパーの『探求の論理』もふくまれていた。ポパーは私たちにはこの本の著者としてのみ知られ、日本の哲学界においてもさして関心をもたれていたわけではなかった。

生誕八〇周年記念論文集が出版され、ことしはオランダでクルト＝ザラムン教授編集の八五周年記念論文集（『カール・ポパーと批判的合理主義』）が上梓(じょうし)されるなど、長期にわたる著作活動をつづけたポパーを招介することは有意義のことと思う。ニュー＝マルキシズムであるかどうかはともかくとして、初期の論理実証主義との関わりからニュージーランドでのマルクス主義批判期、ロンドン大学へ移ってからの進化論的認識論への移行、転回を通じてのポパーの思想の歩みを展望しておくことは、ポパーをそのまま受容することには抵抗があるにしても、現代において何を問題ととらえ、どのように考えていくべきかをといただそうとするとき、避けてとおれない思想家だと思われる。

付記　スペインでフランコ政権後に復活した自治政府ジェネラリタートは一九八九年春、カタルーニャ地中海研究所を設立し、カタルーニャ国際賞が創設され、第一回受賞者としてポパーが選ばれ、バルセロナのジェネラリタート宮で授賞式が行われたと、七月四日付「朝日新聞」は報じている。

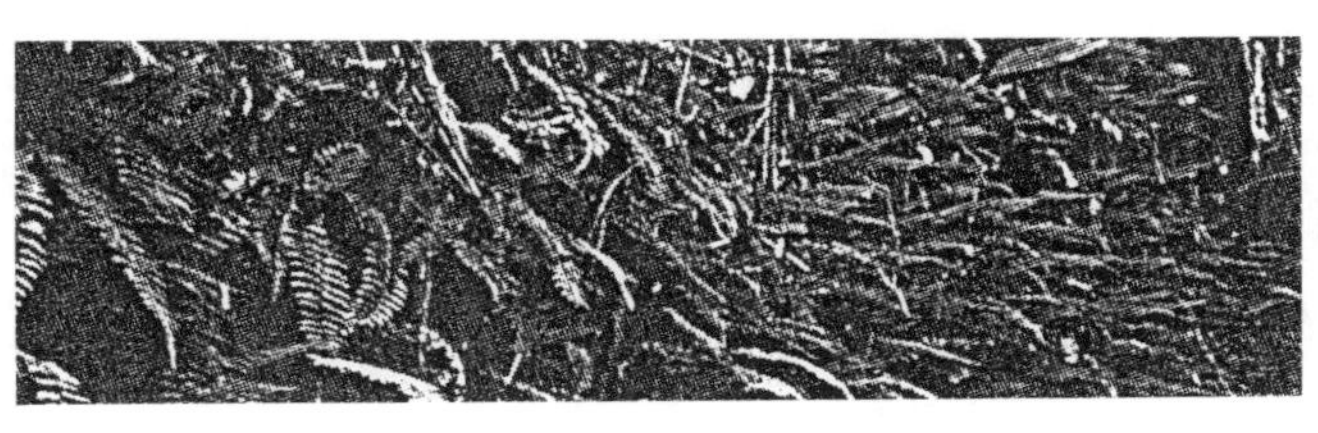

目次

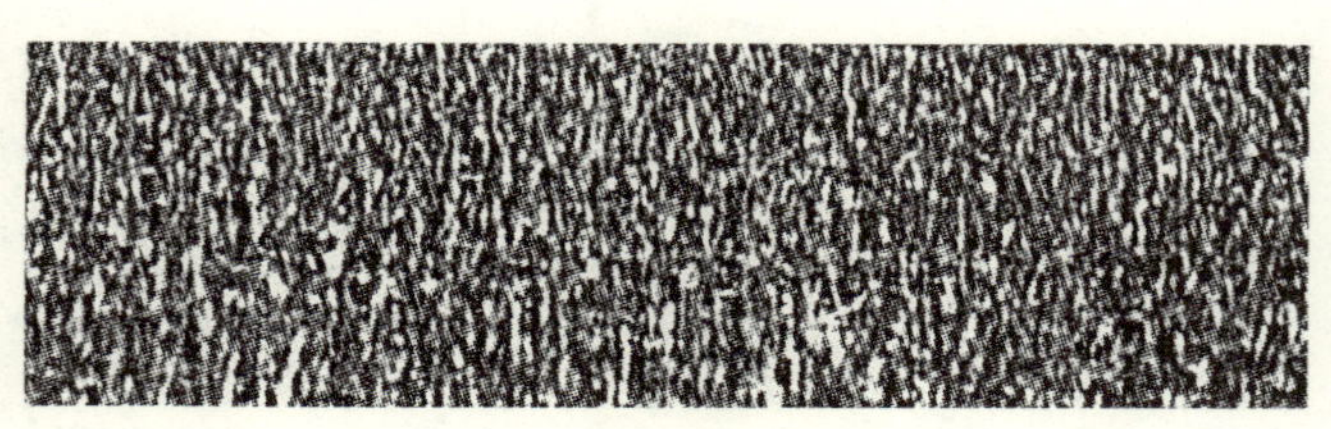

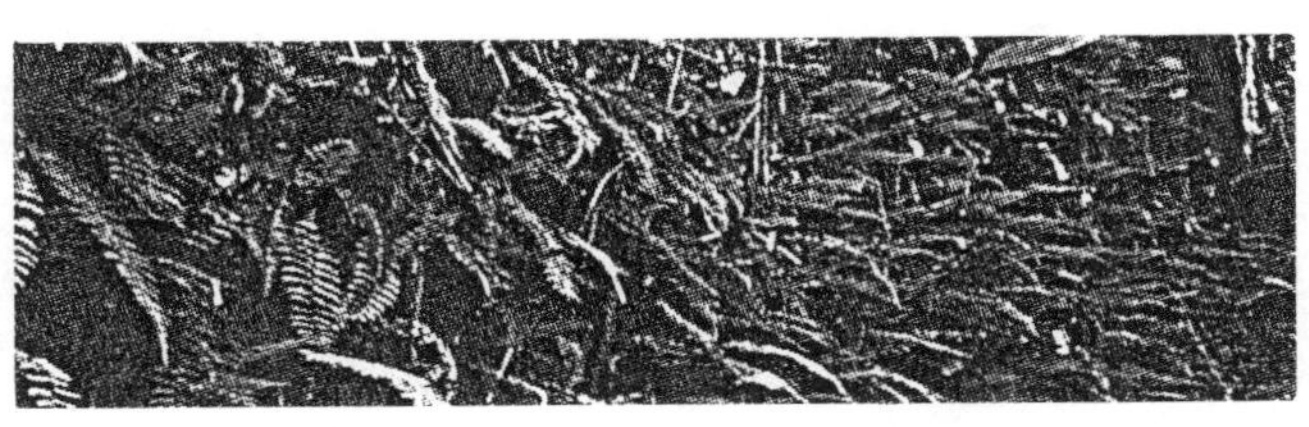

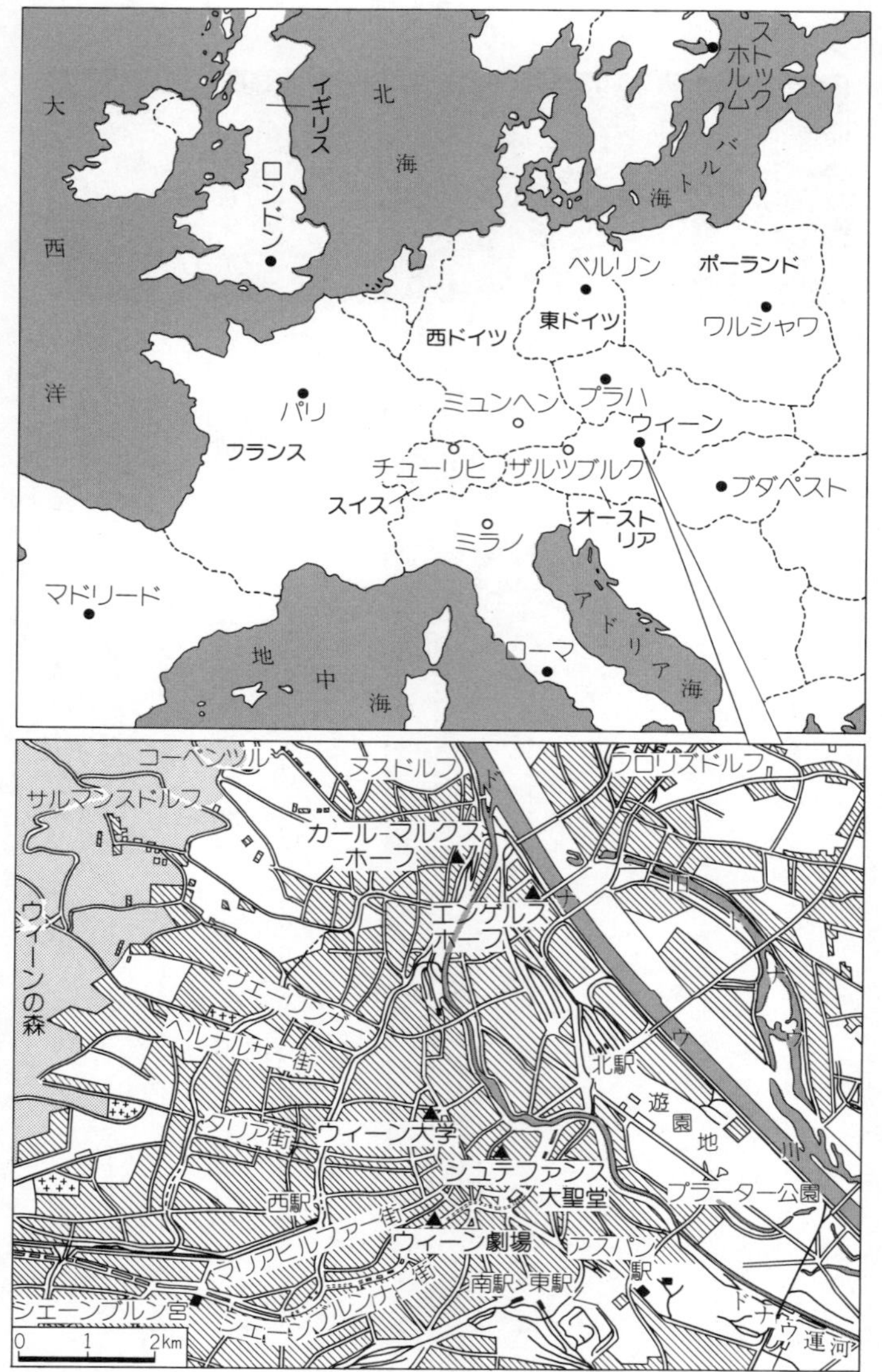
大西洋
イギリス
ロンドン
北海
ストックホルム
バルト海
ベルリン
ポーランド
東ドイツ
ワルシャワ
西ドイツ
パリ
フランス
プラハ
ミュンヘン
ウィーン
チューリヒ
ザルツブルク
ブダペスト
スイス
オーストリア
ミラノ
マドリード
アドリア海
ローマ
地中海
コーベンツル
ヌスドルフ
フロリズドルフ
サルマンスドルフ
カール-マルクス-ホーフ
エンゲルスホーフ
ウィーンの森
ヴェーリンガー
ベルナルザー街
北駅
遊園地
タリア街
ウィーン大学
シュテファンス大聖堂
西駅
プラーター公園
マリアヒルファー街
ウィーン劇場
アスパン駅
南駅
東駅
シェーンブルン宮
シェーンブルンナー街
ドナウ運河
ドナウ川
0
1
2km

ポパー関係地図

I　イギリス定住までの歩み

――思想を育んだ時代背景――

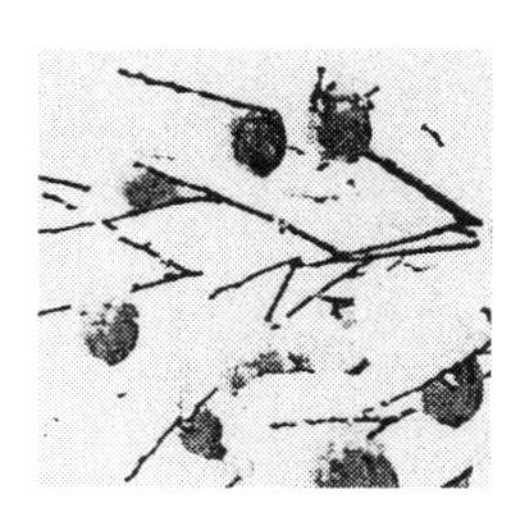

ウィーンの青春

自伝『果てしなき探究』から

シルプが編集した「現代哲学者叢書」はその一〇冊目として、一九七四年『カール・ポパーの哲学』を出版した。それまでに刊行されたのはデューイ、サンタヤナ、ホワイトヘッド、ムーア、ラッセル、アインシュタイン、ヤスパース、ブーバーなどであった。この叢書は、はじめに多くの寄稿者の論文を掲載し、つぎに批判者に答えるというような形で、当の哲学者の回答を載せる形式を踏襲してきた。『ポパーの哲学』も同じで三三名の寄稿者とそれへの回答となっているが、ただ従来のものと異なっているのは、冒頭にポパーが一八一ページにわたって自伝を書いており、そのためか二巻に分冊されていることである。自伝（『果てしなき探求』森博訳）は一九五〇年ころで終わっていて、イギリス定住以降についてはふれていない。

ポパーの思想を理解するためのいくつかの鍵は、しかしこの自伝に見つけることができるように思われる。

父の蔵書

ポパーは一九〇二年七月二八日、ウィーンの西南部オーバー‐セント‐ファイト区ヒンメルホーフに生まれた。父のジーモン＝ジークムント＝カール＝ポパーはウィーン大学出身で弁護士をしていた。その事務所は、ウィーンの中心部にあるシュテファン大寺院の中央門の向かいのアパートの一部にあった。父のポパーは「弁護士であるより学者」であった。家は本にあふれていた。プラトン、ベーコン、デカルト、スピノザ、ロック、カント、ショーペンハウアー、E・ハルトマン、T・ゴンペルツ（『ギリシアの思想家』の著者）の編集したドイツ語訳のJ・S・ミル著作集、キルケゴール、ニーチェ、オイケンの著作のほとんど、E・マッハの著作、F・マウトナーの『言語の批判』、O・ヴァイニンガーの『性と性格』、ダーウィンの著作のほとんど、ドイツ・フランス・イギリス・ロシア・スカンディナヴィアの作家たちの本、マルクス、エンゲルス、ラサール、カウツキー、ベルンシュタインたちの主要著書、ベーム＝バウヴェルク、K・メンガー、クロポトキン、ベルタ＝フォン＝ズットナー、F・W・フェルスター、ノーマン＝エンジェルらの文献。わたくしたちはのちにポパーの思想形成に大きく働いたと思われる人びとが、案外ポパーの父の蔵書のなかに見出されるのに一驚させられる。母イェニー＝ポパー（旧姓

シュテファン大寺院

シフ）の祖母は旧姓をシュレージンガーといい、ブルノー＝ワルターはシュレージンガー家の一員であった。イェニー一家は音楽と深くかかわり、ポパーも、バイオリンのレッスンをうけたり、自ら「下手な」ピアノを弾くようになる。一七歳のときポパーはルドルフ＝ゼルキンと会い、友人となり以後「生涯をつうじて彼の熱烈な賛美者であった」。ポパーはシェーンベルクの主宰する「私的演奏協会」の会員になり、ウィーン音楽院の教会音楽部に自作のフーガを提出し、入学を認められたが、ここは一年ほどで「能力がない」と判断しやめてしまう。

一九一二年、ポパーは二〇歳ほど年上のアルトゥル＝アルントを知る。アルントはモスクワで生まれリガで工学を学び、「一九〇五年の流産に終わったロシア革命の時期に学生指導者のひとりであった。かれは社会主義者であると同時にボルシェヴィキの断固たる反対者だった。……かれはボルシェヴィキを社会主義の欺瞞家、つまり大目的が一切の手段を正当化するので、無垢なる人びとを犠牲にできる、また自分たちの信条やグループをさえ犠牲にできる連中だといった」。アルントはマッハとオストヴァルトの弟子たちがはじめたドイツ一元論者連盟に関心をよせていた。ポパーはアルントの影響でベラミーの『顧みれば』（一八八八）を読む。日曜日になると一元論者連盟はしばしばウィーンの森へ遠足にでかけた。ついていったポパーにアルントは「マルクス主義とダーウィン主義」を説明したりした。

マルクス主義との出会い

一九一四年六月二八日は日曜でポパーたちはウィーンの森へでかけていた。この日オーストリアの法定推定相続人フランツ＝フェルディナントがサラエヴォで暗殺された。オーストリア-ハンガリーとセルビアとのあいだに宣戦が布告され、やがて第一次世界大戦へとつながっていく。ポパーをふくめてサークルの平和主義的なメンバーの多くがオーストリアのセルビアへの侵略主義的政策の批判者であることをやめ、突然支持者に変身していく。「われわれ」が攻撃されたのだと想定したことをポパーは恥ずかしく思うようになる。身近なものたちの出征、戦死、さらに多言語圏であるオーストリアにおけるさまざまな人種の複雑な動き――オーストリア軍隊からのチェコ人、スラヴ人、イタリア人たちの脱走。国事犯に対する死刑宣告、反逆容疑者へのオーストリア官憲によるテロルの噂。戦争末期のひどい期間、ポパーは病床に長いことと伏していた。レアル-ギムナジゥムの生徒だったポパーは、「先生たちの退屈な授業」に「自分の考えにふけってわが身を慰め」ていたがついに退学し、一九一八年末ウィーン大学に入学する。正規の入学許可学生ではなかった（一九二二年正式に入学許可学生となる）。

ウィーンの森

同年一一月、第一次世界大戦は終わった。一九世紀末葉の基準からみると、広大な領地、基礎のしっかりした権力構造および長期におよぶ憲法上の明白な安定記録をもった、一般には「超大国」と認められていた「オーストリア＝ハンガリー」「ハプスブルク家」が砂上の楼閣のごとく崩れ落ちた（トゥールミン、ジャニク『ウィトゲンシュタインのウィーン』藤村龍雄訳）。飢饉、ウィーンの飢餓暴動、うなぎのぼりのインフレーション、戦争が終わったとき一六歳だったポパーは、「オーストリア共和国の宣言にさいして議会の建物に通じる階段の最上部に集まった臨時政府の議員たちに向かって兵士たちが射撃をはじめたとき、弾丸のとんでいくうなり音を耳にする」。食べものはろくになく、使われなくなった軍服をつくり直して着る。就職口はまったくなかった。「われわれは立身出世のためにではなく、学習するために学んだ。われわれは勉強した。そしてまた政治を論じた。」ポパーは当時オーストリアにあった三つの政党、国民党（のちにナチスに吸収される）、膨大なローマ＝カトリック信者を基盤とするキリスト教社会党、社会民主党のなかで社会民主党系の社会主義中等学生の団体のメンバーになり、社会主義的大学生の集会などに参加した。一九一二年二月、憲法制定国民議会選挙で第一党となった社会民主党はオットー＝バウエルを理論的な支柱とし、ボルシェヴィズムと修正主義との間の道「第三の道」をめざしていた。オーストリア共産党は一九一八年一二月結成されていた。このころの心の動揺をポパーは次のように述べている。

「ひところ私は共産主義者を疑いの目で見ていた。友人のアルントから共産主義者について、いろいろきかされていたことがその主因であった。しかし一九一九年の春に私は数名の友人といっしょに共産主義者の宣伝によって回心させられた。およそ二、三ヶ月のあいだ私は自分を共産主義者

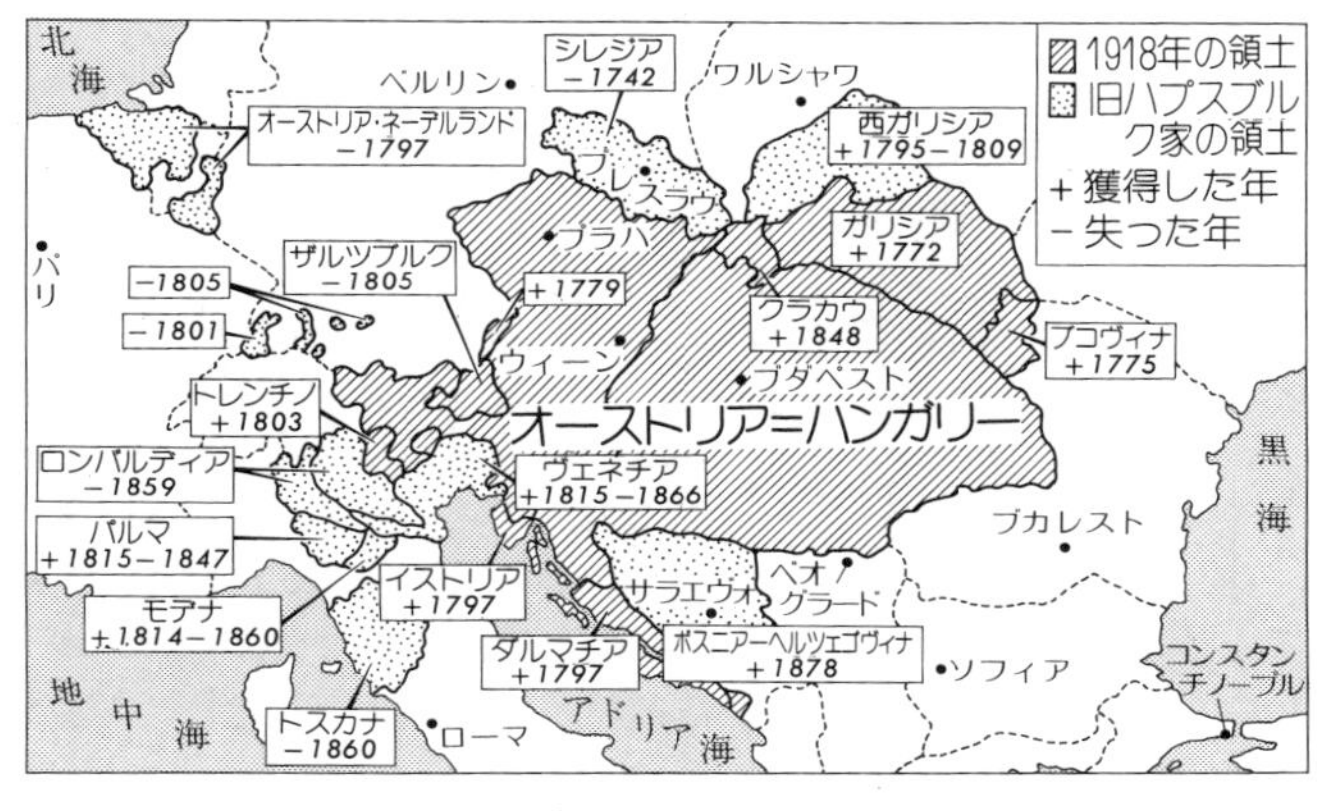

ハプスブルク王朝の崩壊

とみなした。」

同じころ、ウィーンの中央警察署に逮捕されていた何人かの共産主義者の脱出を助けようとしていた非武装の若い社会主義者たちのデモ隊に銃弾がうちこまれ、数名の社会主義者、共産主義者の労働者が殺された。この悲劇の責任の一部を負わなければならないとポパーは感ずると同時に「マルクス主義理論は社会主義の到来を早めるために階級闘争を激化させることを要求する。革命はある程度の犠牲を要求するとしても、資本主義は社会主義革命全体よりずっと多くの犠牲を要求しつつある。……それはいわゆる『科学的社会主義』の一部なのであった。このような計算を『科学』によっていったい裏づけることができるのであろうか。この問いは私のうちに生涯にわたる感情の激変を生みだした。」しかし、オーストリアにおける反マルクス主義はマルクス主義よりもっと悪かった、とポパーはいう。ウィーンの労働者は老いも若きも大学公開講座や市民大学講座に通っていた。しかしポパーの友人のマルクス主義者の何人かやその仲間の学生たちの、われわれが労働者階級の未来の指導者であるという自負心にポパーはむしろ冷やかな感情をいだいていた。かれがマルクス主義者との出会いによってえた唯一の教訓は、「私は私が知らないということを知っている」というソクラテスの箴言であった。ポパーにとってアドラーの「個人心理学」、フロイトの精神分析学との出会いは、「重要な点でマルクス主義より劣るものであった。」

科学的態度への興味　一九一九年五月、アインシュタインの日蝕予測がイギリスの二つの観察調査隊によって行われた。ウィーンでのアインシュタインの講演をポパーはききにいき感動する。「アインシュタインの求めた決定実験はかれの予測と一致しても、かれの理論をけっして確立しはしないであろうが、しかし一致しないばあいにはかれの理論が支持しえないことを立証する。……ここにはマルクス、フロイト、アドラーの独断的態度とは異なったものがあった。」こうして一九一九年の末までに科学的態度とは批判的態度であり、この批判的態度は実証を求めるものではなく、決定的テスト――理論を確立することはけっしてできないけれども、テストされる理論を反証できる――をもとめるものであるという結論に達する。

一九一九年から二〇年にかけての冬、すでに父は六〇歳を過ぎ、戦後のすさまじいインフレですべての貯えを失っていた。ポパーは家をでて「学生の家」でくらし、道路工事などの臨時の仕事をしたり、何人かのアメリカからの留学生を教えてわずかの収入をえたり、またアドラーの児童補導相談所で働いたり（これは無給だった）しながら通学する。

ウィーン大学での日々

ポパーは大学での聴講を数学と理論物理学に限定した。当時ウィーン大学にはハンス＝ハーンがいた。ポパーはカントの『純粋理性批判』（一七八一）と『プロレゴメナ』（一七八三）を読みはじめる。「一九一四年以前のウィーンにおいては、教養人の世界ではみなが哲学を論じ、カント以後の思想における中心的論点を自分自身の関心と——それが芸術的か、科学的かを問わず、また法律的か政治的かを問わず——直接的関係があると考えていた。かれらにとっては哲学は自律的で自己充足的な学問の専門化された関心事であるどころか、多面的であり、また同時代の文化の他のすべての局面と相互に関係のあるものであった」（『ウィトゲンシュタインのウィーン』）。このような文化的雰囲気はポパーのこの時代にも残存していたのであろう。一九二二年「大学入学資格試験」に合格し入学許可学生となる。ポパーはこの年、指物師の親方のところに徒弟奉公にいき、修業しながら勉学し、小学校・中学校の教員資格をとるが、教員の勤め口はなく、二五年、ウィーンの初等・中等教育を推進・支援するため創設されたウィーンの教育研究所に入所する。ここの学生は研究所の講義のほかに、ウィーン大学の講義をもあわせて聴講することを義務づけられていて、心理学は必修であった。

研究所では、アメリカのデューイ、ドイツのケルシェンシュタイナーの教育理論が導入されていた。ここでポパーはのちにかれの妻となる女性と知り合い、そのころウィーン大学に招聘され赴任してきたカール＝ビューラーを知ることになる。ビューラーは、オットー＝ゼルツにはじまったヴュルツブルク学派の新鋭の心理学者で、のちにオーストリアのファシズム化のなかでアメリカに亡命し不遇の死をとげたのであるが（ルイス＝A＝コーザー『亡命知識人とアメリカ』）、かれは『児童の精神的発達』（一九一八）において児童の精神発達を言語使用とむすびつけ、(1)表出的、(2)信号的、触発的、(3)叙述的の三段階に分けていた。

(1)と(2)は動物言語、人間言語に共通しているが、(3)は人間言語のみに固有のものというのがビューラーの見解だった。この研究所での二年目の一九二六年、ポパーはポラーニの紹介でハインリヒ＝ゴンペルツ（一八七三～一九六〇）に会い、しばしば訪ねている。ハインリヒ＝ゴンペルツは、前述のテオドール＝ゴンペルツの息子で、ギリシア哲学を専攻し、『世界観学』（一九〇五）の著者として知られていた。ポパーはゴンペルツについてふれている。「私がかれと議論したいくつかの問題は知識または発見の心理学に属するものだった。私がこれらの問題を発見の論理学の問題にとりかえたのはこの時期のことだった。私はかれの心理主義的アプローチに対してしだいに強く反撥しつつあった。」

ウィーン大学の校舎

ポパーはこのころ心理学実験室でいくつかの実験をしながら、感覚所与、「単純」観念または印象その他これに類したものなどは存在しないとの確信をもつようになる。ヴュルツブルク学派の見解に近いものであって、ビューラーの影響をうけていたように思われる。しかし、アリストテレス的論理学の判断「人間は死すべきものである」は、心理学的用語でなおすと、人間という観念と死すべきものという観念との連合ということになる。ロック、バークリー、ヒューム以来の連合心理学でもある。ポパーは、だから「ビューラーですら判断と論証とのあいだにいかなる実質的差異をも認めておらず、その結果、言語の叙述的機能（判断に対応するもの）と論証的機能との区別がなくなってしまう」とビューラーを批判し、かれの三つの段階に論証的というものを加える。このことは、たんにビューラーを手直しするということではない。心理と論理とが分離され、ポパーは「論理学の研究が主観的思考過程の研究に先行する」と主張するのである。さらにポパーにとって、パブロフ、ペクテレフらの反射学や条件づけの理論は神経学的用語に翻訳された連合心理学にほかならなかった。

一九二八年、ポパーは哲学博士論文「思考心理学の方法の問題」を提出した。学位取得のための公開の口頭試問があり、口述試験官はビューラーとモートリッツ＝シュリック（『一般認識論』一九一八）が担当した。ポパーは、次のように述懐している。「これで私は心理学と最終的に手を切った。」

ウィーン学団

ウィーン学団の人びと

一九二二年、ウィーン大学の帰納的諸科学の哲学のためのエルンスト＝マッハ講座にシュリックが赴任してきた。ウィーン在住の自然科学、社会科学のさまざまな専門家があちこちで研究会をもっていた。シュリックらを中心にまとまって創立したのがウィーン学団であった。二九年、ハーン、ノイラート、カルナップらによってつくられた綱領は科学の基礎を明らかにし、形而上学を排斥するという趣旨のものだった。ファイグル、フランク、クラフト、ヴァイスマン、ユーホス、ゲーデル、メンガー、ミーゼスらがメンバーに名を連ねている。ポパーはウィーン学団の会員ではなかったが、カルナップ、ファイグル、ヴァイスマン、メンガー、ゲーデル、クラフトらとは個人的な接触があり、一九二八〜二九年のカルナップのセミナーに出席している。一九二九年、ポパーは（下級）中等学校の数学と物理学の教員資格をとり、学位試験のあと、かれはこれまでの自らの考えを整理しようと試みる。「私は二六年から二七年ころまでに学団やエルンスト＝マッハ協会の綱領的論文、ウィーン大学での私の先生でもあり、学団の主要メンバーでもあったハーンの論文、ウィトゲンシュタインの『論理哲学論考』（一九二二）、カルナップのいくつかの論文を読んでいた。」

　そしてポパーの到達した見解はウィーン学団のこれらの人びとと違っていた。『論理哲学論考』はウィトゲンシュタイン自身、学団には所属していなかったが、その著書は学団の人びととの研究会のテキストとして用いられ、学団の綱領を支えるものであった。ポパーは、H・ゴンペルツにすすめられてクラフトの『科学的方法の基本的諸形態』(一九二五)を読み、しばしばクラフトと会う。同じころ、ウィーン大学で統計学、経済学教授であったファイグルと会う。ファイグルとの面会は、「私の全生涯にとって決定的な意味をもつものだった」とポパーはのべている。夜を徹してのファイグルとの議論。ファイグルはポパーに書物にして出版すべきだとすすめる。

モーリッツ＝シュリック

「そのころ私は自分自身を非正統的カント主義者であり、また実在論者であるとみなしていた。われわれの理論は実在によってわれわれに押しつけられるのではなく、われわれの精神によって積極的に生みだされるものであり、しかもそれらの理論はわれわれの『経験』を超越しているとする観念論に私は譲歩した。しかし反証は実在との正面衝突であると私は強調した。また事物それ自体を認識することは不可能であるというカントの説を理論の永遠の仮説的性格に相当するものだと私は解釈した。……ウィーン学団への私の批判はこのことの結果にすぎないと考えていた。」

ファイグルにすすめられて書いた著作は『認識論の二つの根本問題』で――ショーペンハウアーの『倫理学の二つの根本問題』を模してつけられた表題――帰納法と境界設定（科学と科学でないものの境界をどこに設定するかという）問題をテーマにしていた。長いあいだ草稿のままであったこの本は、のちにT・E・ハンセンの編集で七九年に出版された。当時ウィーン学団はシュリックのグループ、クラフト、ツィルゼルのグループ、メンガーのグループなどに分かれ、それぞれが研究会をもっていたが、ポパーはヴァイスマンの紹介でツィルゼルのアパートで確率論についてのかれの考えを紹介した。

機関誌「認識」発行の頃

ウィーンの論理実証主義者のグループは、一九三〇年ベルリン経験哲学協会のライヘンバッハ、ドビスラフ、グレリンク、ヘンペル、レヴィン、ケーラーらと協力して機関誌「認識」を発行する。ポパーの『認識論の二つの根本問題』の完成された第一部（帰納法）はファイグル、カルナップ、シュリック、フランク、ハーン、ノイラートらによって回覧された。「一九三二年末、美しいチロルの丘でわたくしの休暇の一部をカルナップ、ファイグルと長い批判的討論をすごす機会を――われわれの妻たちとともに――もったときのことが生き生きとよみがえってくる。われわれはさんさんたる陽光に浴しながら楽しい時をすごした。われわれすべては合間にちょっとした登山があったけれども、それによってけっして中断されることのなかった長い討論を心ゆくまで楽しんだ。カルナップが一度われわれをほとんど踏みこめないほど密生した美しいアルプス・シャクナゲの茂みをぬけ、険しい坂を登って道の通じていない丘につれていってくれた時の情景をわれわれの誰ひとりとして忘れないであろうと、わたくしは固く信じている。そのときの議論の主題にちなんでファイグルはわれわれの丘を『セマンティカル流星』と名づけたものだった。――タルスキーの批判に刺激されてカルナップが論理的構文法から意味論にいたる小径を発見するまでにはなお若干の歳月を要したのだが。」

シュリックとフランクは、一九三三年、かれらが編集者となっていた「科学的世界把握叢書」シリーズの一冊として『認識論の二つの根本問題』を出版することをひきうけたが、シュプリンガー出版社の強い要求で半分くらいにちぢめられて刊行された。『探求の論理』(一九三四)である。ポパーは「認識」の編集者にあてた手紙で、かれの論旨が論理実証主義者によると、意味の検証基準(たとえば「神は存在する」という命題は検証されないから無意味であるといったように命題の意味はそれが検証されるかどうかにかかっているという)を反証基準でおきかえているものと誤解されているといい、「事実は、わたくしは意味の問題にかかわっているのではなく境界設定の問題をとり扱っているのです。……しかしわたくしの実証主義者の友人たちは、(かれらとわたくしの)違いをまったく見落としているのでこの点を明確にしておきます」とのべている(『科学的発見の論理』付録(i))

一九三四年八月プラハの哲学者会議で、「ほかの誰よりも多く私の学んだ」タルスキーに会う

(タルスキーは当時三二歳のワルシャワ生まれの数学者、一九三九年アメリカに移住、カリフォルニア大学教授)。以後ポパーは、タルスキーとは、三四〜三五年ウィーンで、三五年九月パリで会う。

ファシズムの嵐の中で

反ユダヤ主義の潮流

イギリスの哲学者パスモアは、「論理実証主義はさまざまな形で現代経験主義の国際的運動のなかに吸収されるという形で解消してしまった。それは論理実証主義を自称する哲学者から内部告発された」からだとのべている（『哲学百科辞典』第五巻「論理実証主義」）。ウィーン学団の自壊作用がすすんでいた。ポパーはいう。「パスモアは、正しくも論理実証主義の消滅を克服できない学団の内部的諸困難のせいにしている。これらの困難の大部分は私の論文と議論において、とりわけ『探求の論理』において指摘されていた。」「ウィーン学団の自壊の究極的原因は大問題への関心の衰え、つまり、ささいなことへの、パズルへの、言語の意味への関心の集中、かんたんにいえばそのスコラ主義化にあった。」もっともウィーン学団は「主義の解体」より学団そのものの解体の方が先だった。

ポパーの両親はどちらもユダヤ教徒の生まれだった。しかし、ポパーの生まれる前にルター派のプロテスタントに改宗していた。できるだけキリスト教的な社会にくらしていくために、やむをえない同化ではあっても、反ユダヤ主義に怖気づいた者と非難されることでもあった。「反ユダヤ主義はユダヤ人にとっても非ユダヤ人にとっても、ひとしく忌避さるべき悪であり、そのような反ユダヤ主義を挑発させないよう最善をつくすことがユダヤ出身のすべての人びとの義務である」というのがポパーの考えである。第一次大戦前、オーストリアでユダヤ人の処遇は悪くはなかった。法の前では平等であった。すべての点で平等にとり扱われているわけではなかったが、一般の人びとが期待できるほどのよき扱いはうけていた。大学教授、医師、法律家のうちでユダヤ人の占める比率は高かった。ジャーナリズムのユダヤ人、社会民主党の主導者のユダヤ人は緊張を高めるのに一役買った、とポパーはいう。オーストリアでは、ロートシルト家のようないくらかのユダヤ人銀行家がいたが、貧しいユダヤ人の方がはるかに多かった。かれらは「土着」の住民たちから、うさんくさい目で見られていた。第一次大戦中、ロシアに侵略された旧オーストリア帝国から多数のユダヤ人避難者が(「東方のユダヤ人」とよばれていた)、ウィーンに流れこみ住みついた。それまで住んでいた多くの正統派ユダヤ人はこれらの新来者を恥じていた。第一次大戦末期、オース

右手を上げるヒトラー　ヒトラーはこのような敬礼を広めたが、この写真はこの敬礼が財閥・大銀行からお金を貰って仕事をすることを示している。ファシスト政府は財閥や大銀行やユンカーを統率しているのではなく、逆にヒトラーらがかれらの代理人であることを表している。(上林貞治郎 編『ファシズムと戦争』より)

トリア帝国の崩壊、法的改善のなかで政治、ジャーナリズムの世界に流れこんだユダヤ人の動向とも相まって、反ユダヤ主義の旗のもとでの攻撃がつづけられるようになる。ポパーは、この攻撃を加速させたのはマルクス主義とくにエンゲルスの暴力戦術だったという。一九二七年七月、ウィーンで多数の平和的で無防備な社会民主主義的労働者にたいして警官が加えた銃撃事件の目撃者としての体験を語っている。二七年八月、ナチスはニュールンベルク党大会で人種理論を展開した。二九年、ウォール街の株式市場の暴落にはじまる世界的大恐慌のなかで、ドイツは外国からの借款の更新もできず、税収の大幅減、破産の増大のなか、三〇年九月の国政選挙でナチスは前回の一二議席から一〇七議席と躍進し、三一年一〇月のハルツブルク党大会には産業家フーゲンベルク、軍人ゼークト、金融家シャハトらが出席した。

ナチス‐ドイツの進攻

ナチスはユダヤ人の商店に乱暴を働きだし「一一月の犯罪人（ワイマール共和国をつくった人びと）は報復をうけ首が砂上にころげ落ちるであろう」と公言した。共和主義者、民主主義者、ユダヤ人、共産主義者はすべて一一月の犯罪人とされるようになる。一九三二年、オーストリア首相の座についた敬虔なカトリック信者エンゲルベルトは、『わが闘争』に予告されているドイツのオーストリア吸収のプログラムに反撥し、イタリア（一九二四年ムッソリーニ政権樹立）に顔を向けていた。この年の秋ドルフスは議会の機能を停止、翌三三年春、政令による専制的支配をはじめる。三四年二月、ファシズムに反抗する労働者階級と左翼にたいして決着をつけることを決意したドルフスは、労働者の最後の抵抗拠点である「赤いウィーン」と社会民主主義を敵目標とする総攻撃を開始し、全土にわたって社会民主主義者と労働者民警の検挙にのりだした。工場にたてこもった労働者と政府軍との数日間にわたる戦闘で数百名の死者がでて、社会民主党は解散させられ党の資産は没収され、労働者階級はうちくだかれて「赤いウィーン」は崩壊した（藤村信『夜と霧の人間劇』）。ウィーン学団のメンバーにはユダヤ系のひとが多かった。「大学ではひんぴんとして反ユダヤ的暴動があり、多くのユダヤ人教授に対してひっきりなしに抗議が行われた。ユダヤ系のひとは誰も大学の教師になれなくなった。競いあう右翼の諸党派はたがいに負けじ劣らじとユダヤ人に対する敵愾心をつのらせていた」（『果てしなき探究』）。三五年九月、ドイツでは「国家公民法」（「祖父母のうち二人以上がユダヤ教徒であれば市民的権利を制限する」）と「ドイツ人の血と名誉を守るための法」（「ユダヤ教徒と非ユダヤ教徒との結婚を禁ずる」）を一体化したニュールンベルク法が可決された。

ニュージーランドへ

このころポパーは、ロンドン、ベッドフォード‐カレッジのS・ステビンク教授にたのまれ、同大学で二つ講演をした。一つはタルスキーの構文法と意味論で、もう一つはタルスキーの真理論についてであった。生物学者であり哲学者でもあるウッジ

バートランド＝ラッセル

ャーのタルスキーへの関心をひきおこしたのは、ポパーのこの講演だった。ポパーはまたインペリアル-カレッジで確率について三回の講演を、ケンブリッジで二つの論文報告、オックスフォードで一つの論文報告をした。オックスフォードではエイヤーからI・バーリン、G・ライルを紹介される。ロンドン経済政治大学には以前ウィーンの「景気循環研究所」所長であったハイエクが教授として一九三一年以降在職しており、ポパーはハイエクのセミナーで「歴史法則主義の貧困」について論文報告をした。この席には経済哲学者のL・ロビンソン、G・L・S・シャクル、芸術史家のE・ゴンブリッチが顔をみせていた。翌三六年ポパーは再び訪英した。エイヤーにつれられてでかけた「アリストテレス協会」では、ラッセルが「経験論の諸限界」について原稿を読みあげていた。「ラッセルは経験的知識は帰納によってえられるものであるということを前提にし、同時にまたヒュームの帰納法批判にも留意し、それ自体は帰納にもとづかないある帰納の原理を採用しなければならないと提言した。」講演が終わったあとの討論で、ポパーはたどたどしい英語で「わたくしは経験からの学習、およびラッセルが提案したようなカント的限界をばもたない経験論を認めるにせよ、帰納の存在をまったく認めない」と発言する。聴衆はこれを冗談ととったらしく笑ったとポパーは書いている。このイギリス訪問についてかれは、「一九三五年から三六年にかけて、わたくしははじめてイギリスを訪問しました。わたしは比較的穏健な独裁が支配してはいたが、国家社会主義的な隣国の脅威をうけていたオーストリアからの訪問だったのです。イギリスの自由な空気のなかで、わたくしは深く息をつくことができました。それは、あたかも窓が開かれたかのごとくでした」と述懐している（「マルクーゼとのテレビ討論」――「朝日ジャーナル」一九七二年三一号）。

このころウッジャーは、ポパーにニュージーランドのカンタベリー大学で哲学の講師を公募しているが、応じてみたらどうかとすすめる。ロンドンでは、のちにロンドン大学の学長となったW・アダムス博士らが「大学人援護協会」を組織し、ドイツ・オーストリアからの亡命科学者の援助をはじめていた。三六年七月、ポパーはコペンハーゲンの科学哲学会議に出席し、ウィーンに戻る。くれにクライストチャーチのカンタベリー大学からの招請状をうけとり決意を固める。「ヒトラーから逃れるオーストリアの亡命者たちにとって私の援助がまもなく必要になるであろうと私ははっきり感じた。」

辺境にて

オーストリアでのファシズム　ヨーロッパ大陸とは果てしなく遠く、イギリスをつうじてのほかは世界のどこことも接触がなく、そのイギリスとの連絡にも五週間近くかかる辺境の地ニュージーランド。その南の島の中央部近くの東海岸にあるクライストチャーチは、街の中心に大聖堂があり、広場からウーセスタ通りを西にいったところにカンタベリー大学はあった。クライストチャーチでの生活は、ポパーにとって仕事をするには快適な雰囲気であったし、多くの友人にも恵まれた。とりわけクライストチャーチの南のタニーデン、オタゴ大学生理学教授として、四四年赴任してきたJ・C・エックレス（一九六三年ノーベル医学・生理学賞受賞者）とは「生涯の友」となる。

ポパーがウィーンを離れる直前の三六年七月、ドイツとオーストリアの間で紳士協定が結ばれ、ドイツはオーストリアの完全な主権を承認し、オーストリアは「ドイツ民族の国家」であることを宣言し、ナチス党員およびその同調者の政府参加をみとめた。「赤いウィーン」を崩壊させたドルフスは、三四年七月二五日、オーストリアのナチス親衛隊に襲撃され官邸で殺害されていた。反撥したイタリアとドイツの緊張状態のなかで、シュシュニク政権が妥協の産物として成立していた。そしていまオーストリアは、紳士協定によってドイツに顔を向きかえたのである。三八年三月、ヒトラーのオーストリア占領のニュースをポパーはきく。オーストリアはドイツ帝国の一部となりオストマルクト(東方辺境州)と改められ、オーストリア軍はドイツ国防軍のなかに編入された。しかし、ヒトラーの凱旋行進をむかえるウィーン市民の熱狂は、「いつわりではなく、ほんものの歓呼だった。」「併合から一ヶ月後四月一〇日に行われた国民投票はシャイラーの『第三帝国の興亡』によると併合に賛成するオーストリア人の票は九九・七五パーセントに達し……ドイツ全土における賛成九九・〇八パーセントをうわまわっていた」(藤村信、前掲書)。ファシズムの嵐はこの年の一一月九日夜から一〇日にかけての「クリスタル-ナハト」となる。数万のユダヤ人が強制収容所に送りこまれ、ユダヤ人の商店、住居、ユダヤ教会が一斉に破壊され、一面に散ったガラスの破片がクリスタルのように輝いたのである。

カンタベリー大学の校舎

自由へ向けての執筆活動

ポパーのカンタベリー大学での研究は、確率論をひきつづいて研究することであった(「マインド」四七号)。四〇年「マインド」四九号に寄稿した「弁証法とは何か」はのちにポパーが執筆、出版した『歴史法則主義の貧困』、『開かれた社会とその敵』（はじめは「誤まった予言者たち――プラトン、ヘーゲル、マルクス」という表題だった）のいわば序論にあたるものである。ポパーによると、一九一九年『探求の論理』に着手したのは「部分的にはマルクス主義の批判であった」。ハイエクのセミナーで発表した「歴史法則主義の貧困」は『探求の論理』の考え方を社会科学の方法に適用したものであった。「マルクス主義に反対するようなものはどんなものでも発表する気はとてもしなかった。ヨーロッパ大陸でいまなお社会民主主義者たちがいるところでは、かれらはいぜんとして圧制に抵抗している唯一の政治的勢力だった。このような状況においてかれらに反対するのは一切公表すべきではないとわたくしは思った。……そのうち……ヒトラーのオーストリア占領のニュースが入った。いまやオーストリア人の脱出を助けることが緊急の必要であった。政治問題について、わたくしが一九一九年以来えたどんな知識ももはや公表せずに控えておくことはできないと思った。」

こうしてポパーは『歴史法則主義の貧困』と『開かれた社会とその敵』の執筆にとりかかる。「歴史法則主義」がマルクス主義とファシズムの双方をいかに鼓舞しているかを論証しようとしたのである。一見して奇異な感じをうけるポパーの意図は、ポパー自身みとめているように、「ヒトラー・スターリン協定（一九三九年八月二三日）と戦争の勃発および奇妙な推移」によるものであった。「『歴史法則主義の貧困』と『開かれた社会とその敵』とはわたくしの戦いの作品であった。

わたくしは自由がふたたび、とりわけ復活したマルクス主義と大規模な『計画』（統制経済）のもとで中心問題になるかもしれないと考えた。したがってこの両書は全体主義的ならびに権威主義的思想にたいする自由の防衛としての、歴史法則主義的迷信の危険にたいする警告としての意図をもつものであった。」

四三年、ポパーは『開かれた社会とその敵』の原稿をアメリカの出版社に送るが、断わられる。四四年一月エックレスが赴任してくる。エックレスの依頼で五月二二日から二六日にかけて五回の講義をする。第一日は仮説演繹法、二日目が理論の検証、三日目は研究における客観性の問題、四日目は確率、五日目は科学の教育と組織であった。イギリスの「エコノミカ」に四四～四五年にかけて「歴史法則主義の貧困」が発表された（第一一巻、四二、四三号、第一二巻四六号）。四五年、まだ戦争が終わらないころハイエクに誘われてロンドン経済政治大学に赴任するため、ニュージーランドを離れることになる。

II

科学の論理

――「科学とは何か」を求めて――

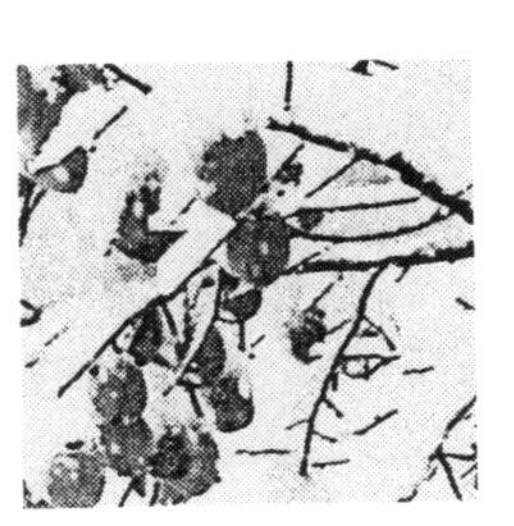

科学理論についての講演

アインシュタインにひかれて　一九五三年、英国文化振興会の企画になる「現代英国哲学の発展とその傾向」という一連の講演の一部としてケンブリッジで、ポパーは、「科学哲学――一個人の報告」という報告をした（C・A・メイス編『今世紀中葉の英国哲学』一九五七）。この報告のなかでポパーは、一九一九年秋「どのようなとき理論は科学的とよばれる地位を獲得できるのか」、「理論の科学的性格ないし身分を判定する基準があるのか」という問題にとりくんだときの状況を次のように述べている。

「オーストリア帝国が瓦解したあとオーストリアに革新運動が起こっていた。革命のためのスローガンや思想、新奇でしばしば乱暴な理論などがみちあふれていた。わたくしの関心をひいたいくつかの理論のうちではアインシュタインの相対性がとりわけ重要なものだった。加えて重要だった理論にマルクスの歴史理論、フロイトの精神分析理論、A・アドラーのいわゆる『個人心理学』の三つがあった。」そして相対性理論に関するエディントンによる水星蝕観察の結果はポパーを興奮させ、かれの知的発展に永続的な影響をあたえることになるが、マルクス、フロイト、アドラーにはし

講義するアインシュタイン

だいに不満をいだくようになる。当時アインシュタインの重力理論が真理であると信じているものはほとんどいなかった。その点ではマルクス、フロイト、アドラーの真理性の疑わしさという問題ではなかった。ポパーがおどろいたのはむしろマルクス、フロイト、アドラーに共通している見かけ上の説明能力の強さであった。「そのきわだった特徴は当の理論を検証するような観察、確認がたえまなく行われているということであるように思われた」とポパーはいう。たとえばポパーによると、マルクス主義者が新聞をひらけば、どのページにも自己の歴史解釈を支持するような証拠がかならずといっていいほど見つかるし、フロイト的な精神分析者はいつも「臨床例」によってかれの理論が検証されると強調した。「一九一九年のあるとき（このころポパーはアドラーの児童補導相談所で働いていた）、わたくしはとくにアドラー的とは思われないような一つの事例をかれに報告したことがある。しかし、かれはその小児患者をみたことさえないのに、かれの劣等感理論によってその事例を事もなげに分析してみせたのである。わたくしはすこしばかりショックを感じて、どうしてそれほど確信がもてるのかとかれにたずねると、かれは『こういった例は千回も経験しているからだよ』と答えたので、わたくしはいわざるをえなくなった。『でもこの新しい事例で先生の経験は千一回めになるんだと思いますが』」と。
それぞれの観察例が追加確認例とみなされている。何が確認されたのか。ある事例がその理論によって解釈できたというにすぎないのではないか。これらの理論がうまくあてはまり、つねに確認されるという事実が当の理論を支持する最強の証拠を提供する。見かけ上の強さがじつは弱点なのだということが徐々にわかりはじめてきた。

フロイト

反証可能性の基準

ところでアインシュタインのばあい、予測された結果がでないばあい、その理論そのものが反駁されてしまうのである。そこでポパーは次のようにのべる。

a　確証を求めるなら、ほとんどすべての理論についてたやすくその事例をうることができる。
b　確証は反駁（反証）の危険性をともなった予測の結果であるばあいにかぎられる。
c　「よい」科学理論はすべて禁止である。それはある種の出来事が起こることを禁ずる。
d　考えうるいかなる出来事によっても反駁できないような理論は科学的理論とはいえない。反駁不能というのは理論の長所ではなく欠点である。

e　理論のほんとうのテストはいずれも理論を反証、反駁しようとする試みである。

f　このようなテストの結果であるときにのみ確証の証拠とすることができる。

g　こうしたテスト可能な理論のなかには、偽であることが判明したばあいでも補助的な仮説を導入したり、その当の理論を解釈したりして、便宜的戦術によって破綻(はたん)をまぬがれようとするが、その代償は科学的身分の喪失である。

ポパーは、こうして科学的身分の判定基準を反証可能性に求めた。このような反証可能性の基準によって科学的身分を判断すると、アインシュタインは合格、占星術は不合格。マルクスはgに該当するとポパーはいう。マルクスによる「来たるべき社会革命」理論は反駁されたが、理論と証拠の双方を解釈しなおしたからだとポパーはいう。そしてフロイトとアドラーはたんに反駁不可能であると。かれらの臨床観察は理論による解釈にすぎなく、反駁によってテストされたものではなく、「フロイトの自我や超自我やイドに関する物語についていうなら、オリンポス神話から集められたホメーロスの物語と同様、実質的に科学としての資格を要求できるものではない」。さらにいえば「人種主義的な歴史解釈」も同じだと、ポパーはのべている。

ヒューム問題

帰納法への懐疑

一九二三年ころ、ポパーは帰納の問題について関心をもつようになり、ヒュームを検討しはじめる。ヒュームはいう、「どのような対象もそれだけで考えれば、それを超えた結論をひきだす理由はないし、また対象がひんぱんに連結していることを観察したあとでも、すでに経験したことを超えた対象についての推論をする理由をあたえてはくれない」(『人性論』一七三九)。ヒューム問題というのは、引用からも明らかなように、ある特定の陳述「あるカラスは黒い」、「これまで観察されたすべてのカラスは黒い」ということから、「すべてのカラスは黒い」という全称陳述へどうすすめるかということ、すなわち帰納法の問題であった。それは論理の問題である。同時にロック以来のイギリス伝統の経験主義的認識論とがむすびついていた。世界についての認識が観察によるものであり、しかも観察には、ある時、ある所でという時間的、空間的な制約があるのであるから、これらの観察がどれほど集積され記録されても無制約の一般化である体系としての知識への基礎とはなりえないであろう。

ヒュームはニュートン力学の成功を念頭においている。帰納は正当でなく、また正当化できないという帰納法への懐疑。しかし、それとともに論理（Relation of Ideas）としてはできないとしても、事実（Matters of Fact）としては、あるいはいわば生物学的必然性としてはそうした人間の能力を信ぜざるをえない。このようなヒュームの懐疑論についていうなら、説明できないことを認めることは、まやかしの説明をすることより知的誠実であるかもしれないが、同時により立ちいって再検討する努力を放棄することにもなりかねないということである。ヒュームをなんらかの形で補正しようとしたバークリーは、神を導入せざるをえなかった。

ヒューム問題

ポパーは、「帰納の伝統的な哲学的問題――ヒューム問題」で要約しているように、これまでの問題設定は「未来は過去にきわめて似ているであろう、という信念を正当化するものは何か」、「帰納的推論を正当化するものは何か」という形でだされ、「似ている」という語がその仮定を空虚かつ無害にさせるほど融通のきく意味にとられていること、また帰納的推論をひきだすための規則が存在すると仮定して問題が設定されている、という。そこで再定式化すると、(1)帰納の常識的問題は、「われわれの知性のうちには感覚を通じて入りこんでこなかったものはひとつもない」ということである。

われわれの感覚はわれわれの世界についての知識の唯一のものではないにしても主たる源泉である。感覚を通じてバケツにはいってくるものは知識の要素でこれを集積、消化したものが知識であ

ヒューム

る。ポパーはこれを「精神のバケツ理論」とよぶ。しかしわれわれは期待をもち、またある種の規則性（自然の諸法則、諸理論）を強く信じている。いかにしてこれらの期待、信念は生じえたのか。これにたいして常識は答える。過去になされた反覆的観察によってと。

(2) ヒュームの帰納法には二つの問題がある。

a、論理的問題。これはわれわれがかつて経験したことのある反覆的諸事例からいまだ経験したことのない他の諸事例（結論）を推論することをいかに正当化しうるか、ということである。これへのヒュームの回答はノーである。反覆の数がいかに多くても、あるいは「蓋然的」という語句を挿入してもノーなのである。

b、心理的問題。にもかかわらず、道理をわきまえたすべてのひとたちが、かれらのいまだかつて経験したことのない諸事例が、かつて経験した諸事例と一致するであろうと期待し信ずるのはなぜであるか。これにたいしてヒュームは答える。それは習慣 habit, custom によると、非合理ではあるが、われわれには逃れえない観念連合のメカニズムによって条件づけられており、これなしには生き残ることができなかったのであるからと。

理性的、論理的には妥当ではないが心理的には事実だということからくるヒュームの懐疑主義。

帰納法についてのこうしたヒュームの処理のし方について、ラッセルはいう、「ヒュームの哲学は……一八世紀の合理主義の破産を代表するものだ。……それゆえ、まったくあるいは主として経験論的である哲学の枠内でヒュームにたいする解答が存在するかどうかを発見することが大切である。もし存在しないとすれば正気と狂気のあいだにはいかなる知的相違もないことになる。自分がユデ卵であると信ずる狂人ももっぱら、かれが少数者に属しているという理由によってのみ狂人であると断定しうるにすぎない」（ラッセル『西洋哲学史』市井三郎訳）。「一九世紀さらに二〇世紀における非合理主義の発展はヒュームの経験主義破壊のおのずからなる帰結である。……もし帰納法の問題があり、ヒュームがそれを提示したのであるならヒュームはそれを解決したといわねばならない。帰納法の基本公準を認めることは、理性は情念の奴隷であり、奴隷であらねばならぬよう自然によってわれわれは強要されているということだ」とストローソンはいう。「帰納法の原理は科学理論の真理を決定するものである。この原理を科学から排除することは科学理論の真偽を決定する力を科学から奪うことにほかならない」（ライヘンバッハ）。「帰納の原理はなんらの保留なしにすべての科学によってうけいれられているし、だれもこの原理を日常生活においてまじめに疑うことにできない」（同）。ライヘンバッハの主張は長いあいだの伝統を容認したものであり、今日においてもいわば常識化しているものである。それゆえヒュームの提示した帰納法への懐疑は現代においても重要な意味をもっているのであるではポパーはどう考えるか。ヒュームの心理学的あるいは生物学的必然性による解決は、しょせんは習慣論になってしまうのであるから。

ポパーの解法

まず、(1)ヒュームの心理学的用語を客観的用語に翻訳する。たとえば「信念」を「言明」、「説明的理論」とし、「印象」を「観察言明」、「テスト言明」に、「信念の正当化」を「ある言明が真であるという主張の正当化」といったふうに。

つぎに、(2)論理学で真なるものは心理学でも真という仮説をたてる（転位の原理）。この論点からいえば論理学において反覆による帰納といったものはないのだから心理学に転位して、ここでも反覆による帰納といったものはないことになる。

観察された出来事を記述するテスト言明（観察言明、基礎言明、単称言明、「あるSはPである」）の真によって説明的普遍言明（全称言明「すべてのSはPである」）の真を正当化しうるか。答えはノーである。

しかし全称言明はそれを否定（反証）する単称言明があるばあいには偽となる。「すべてのカラスは黒い」は「あるカラスは黒くない」という単称言明によって偽とされる。「あるカラスは黒い」という単称言明をいくら積み重ねても「すべてのカラスは黒い」とはいえない。

次ページの図からもわかるように、(A)と(0)とは矛盾であるから(A)は(0)によって偽とされる。しかし(I)をいくら積み重ねても(A)にはならない。(A)と(0)、(A)と(I)とのこのような関係は非対称的なのである。

いま競合的な二つの説明的普遍理論T′、T″があるとき、T′に反証がありT″にはないばあい、T″は優先的に採用される。T″には反証がないというかぎりにおいて真であると推測するのである。こうして帰納の論理的問題の中心的な論点は、ある「所与の」テスト言明に照らしての普遍法則の妥当性（真理性または虚偽性）の問題であった。ヒュームのばあい、まだ経験しない諸事例への期待について問われていたのであるが、ポパーは客観的話法に翻訳することによって、普遍法則、理論の実在性への問いに変更したのである。と同時に普遍法則もたえず反証の可能性にさらされ、仮定的、推測的であるわけだ。「一般的言明は仮説ではなく確立される法則とよばれる」（ライル）。また反対に「理性は情熱の奴隷であり、奴隷であるべきである」（ストローソン）といった程度の合理主義、非合理主義のいずれにも組みすることのない立場をポパーはとっているといえよう。法則は（ニュートン力学の法則でさえ）推測であり仮定であるとポパーはいう。帰納主義者は太陽は二四時間に一度昇りかつ沈むというが、マルセイユのピュテアスは北極点で凍結した海と真夜中の太陽に驚嘆したのである。さきにのべたように競合するさまざまな理論のうちどれを優先するかは、反証されていない理論をと

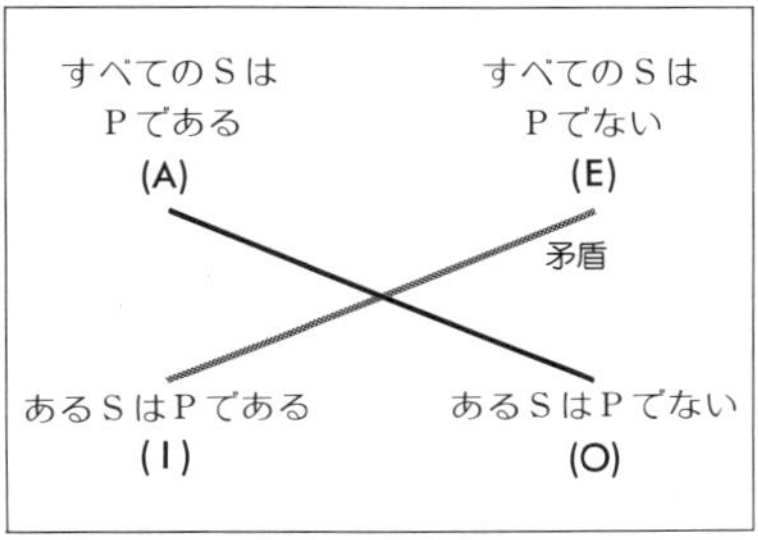

すべてのＳは
Ｐである
(A)

すべてのＳは
Ｐでない
(E)

矛盾

あるＳはＰである
(I)

あるＳはＰでない
(O)

るということであった。そしてこのように選択された理論は、反駁された先行理論が成功したところで成功しなければならないだけでなく、その先行理論が失敗したところ（つまり反駁されたところ）でも成功しなければならない。この二つに成功すれば「よりよい」ということになる。この新しく選択された理論もまた偽であるかもしれない。そしてさらに新しいテスト——問題——理論とくりかえされ、われわれは次第に真理に接近していく。

ウィーン学団の検証理論に対比してポパーはいう。「わたくしの接近法と、わたくしが以前に『帰納主義的』と命名した接近法との基本的な違いは、わたくしが否定的事例または反対事例、反駁、および意図的反駁——かんたんにいえば批判——といった否定的事例に強調点をおくのにたいして帰納主義者は肯定的事例を強調する点にある。かれはこの肯定的事例をもとにして非検証的な推論を行い、また、この肯定的事例がそれらの推論の結論の『信頼性』を保証してくれるものと期待する。わたくしの見解では、われわれの科学的知識において『ポジティヴ』たりうるものはすべて、ある理論が一定の時点で経験的テストをふくむ意図的反駁をなすところのわれわれの批判的議論の光に照らして、他の理論よりもましなものとされるかぎりにおいてのみ『ポジティヴ』なのである」（『推測的知識』）。「帰納すなわち多くの観察にもとづいた推論というのは神話である。それは心理学的事実でもなければ、日常生活の事実でもなく、さらにまた科学の手続の事実でもない」（『科学的発見の論理』）。

カント問題

科学と非科学との境界線

論理実証主義者は科学と非科学との境界線をひくとき、一方に経験科学をおき他方に形而上学をおく。そして形而上学はナンセンスな駄弁、詭弁、幻想でヒュームのいうように火中に投げすてられねばならないものという。ナンセンス、無意味という言葉が経験科学に所属しないというだけなら、無意味なものとしての形而上学を特徴づけることは言葉の遊びにすぎない。そして実証主義者が有意味な言明として何をいっているのかというと帰納理論なのである。そしてそれを境界設定の基準とする。ウィトゲンシュタインのばあい、このことは明瞭だとポパーはいう。

ウィトゲンシュタインによると、有意味な言明は論理的には要素（原子）言明に還元されうるのである。「言明は要素言明の真理関数である」（命題五、『論理哲学論考』一九二二、藤井・坂井訳）。そして要素言明は「実在の映像」とされる。

このことからウィトゲンシュタインの有意味性の基準が帰納主義者たちの境界設定の基準と——かれらの「科学的」または「正当な」という言葉を「有意味な」という言葉におきかえれば

――一致することがわかる。真なる言明の全体が全自然科学（あるいは自然科学の集大成）にほかならない。いいかえれば、科学に所属する言明は、真なる観察言明からということであり、境界設定の検証基準なのである。こうした境界設定論は成立しない。「実証主義者たちは形而上学を絶滅しようとして形而上学といっしょに自然科学をも絶滅させてしまう。なぜなら科学的法則もまた経験の要素言明に還元できないのだから」（『科学的発見の論理』）。このことは、形而上学の排除をそのスローガンとした、ウィーン学団の綱領にかかわる問題であった。「わたくし個人は意味の問題に興味をもったことが一度もなかった。逆にわたくしにとってこの問題はことばの問題であり、典型的な擬似問題であるように思われた。わたくしは、境界設定の問題すなわち諸理論の科学的性格に関する基準を発見する問題にのみ関心をいだいていたのである。ウィトゲンシュタインの意味の検証基準が境界設定基準の役割を果たしていることをただちに読みとれたのは、まさにこうした関心があったからである。そしてその関心のゆえに、そうした検証基準がそのままではたとえ意味といういかがわしい概念に関するすべての疑惑に目をつぶったとしても、まったく不適切なものであることを見てとれたのである。というのは、ウィトゲンシュタインの境界設定基準は、観察命題からの演繹可能性であるからである。……それは

ウィトゲンシュタイン

科学から事実上その性格を有しているほとんどすべてのものを締めだしてしまう。いかなる科学理論も観察言明から演繹することなどできはしないし、また観察言明の真理関数であるなどとはいえないのである」（「科学――推測と反駁」）。

「認識」誌へのポパーの書簡「境界設定と帰納について」も、ウィーン学団の人びとにとっては意味の検証基準にかわる反証基準の提唱とうけとられてしまう。ポパーのばあい、反証は科学と科学でないものの境界設定基準となっても、反証できないことが必ずしも無意味とはならないのである。「すべての出来事は原因をもつ」は反証できないが、無意味ではないのである。

科学のバケツ理論

一九四八年八月、チロルのオーストリア大学でのヨーロッパ・フォーラムでポパーは、「自然法則と理論体系」（改題され「バケツとサーチライト――二つの知識理論」として『客観的知識』の付録として収められている）と題して講演した。このなかでポパーは、自然科学の方法として広く支持されている見解（「科学のバケツ理論」とポパーはよぶ）を批判し、それに代わる見解（「サーチライト理論」）を提示する。バケツ理論というのは感覚、知覚的経験がまずあって、われわれの経験はその集積から成り立っており、われわれの精神はそれらを集積する容器、バケツに似たものと考える。かつてベーコンがいったように、われわれは知覚を辛抱づよくせっせと集めなければならない。「熟した頃合のブドウを圧縮すれば知識の純粋な美酒が流れでてくるといったようなもの」(『ノーヴム・オルガーヌム』)。このような知覚に偏見(イドラ)をまぜて汚染させてはならない。誤謬はイドラの混入の結果だという。カントはこれに反対し、知覚がまったく純粋であるというのではなく、たんなる素材であってバケツのなかで消化作用あるいは体系的分類に似たある過程をへて知識となる。すべては経験よりはじまるが、すべてが経験より生ずるのではないというのである。

科学はたしかに経験なしには不可能である。にもかかわらず知覚は、「バケツ理論」がいうような経験や科学をつくりあげる素材をなすものではないと、ポパーはいう。科学において決定的な役割を果たすのは知覚よりも観察であって、われわれは感覚経験をするように観察をするのではなく、観察を行うのである。観察には関心だとか問いだとか問題(理論的なあるもの)といったものが先行する。問題を仮説、推測の形であらわし、経験にイエス、ノーを問うのである。このように考えるのは生物学的基礎があるからだとポパーは主張する。すべての生き物はたとえ原始的なものであってもある種の刺激に反応する。これらの反応は特定的であってそれぞれの有機体にとって可能な反応の数は限られている。すべての有機体は可能な反応の一定の生得的なセット、一定の性向をもっている。この性向セットが有機体のその時々の内部状態とよびうるものを構成しており、物理的に同一な刺激が異なった反応を生みだし、また反対に物理的に異なった刺激が同一の反応をもたらしもする。この反応性向が時間の経過につれ変化し、また内的変化に依存するのみでなく外的環境の変化しつつある状態にも依存するとき、「経験から学ぶ」といえる。「バケツ理論のように過去の知覚によって残された記憶痕跡の集積とはみなすことができない」。

自然への詰問

カッツは『動物と人間』で、飢えた動物は環境を食べられるものと食べられないものとにわけると書いているが、対象の分類（類似しているとか類似していないとかいった）は必要、関心にかかわるのである。動物にとっては観点はその必要性だとか、その瞬間の任務だとか、その期待によって与えられる。科学者にとっては、かれの理論的関心や研究中の特別の問題やその推測、期待、さらにはかれが受容している諸理論、思考の枠組、「期待の地平」によって与えられる。科学者のばあいは自覚的、意識的な期待であるが、動物のばあいは意識のない期待だと、ポパーはいう。

カント

カントは『純粋理性批判』でいう。「自然科学者たちの心に一条の光が閃めいたのは、ガリレイが一定の重さの球を斜面上で落下させたときであった。またトリチェルリの場合には彼が一つの水柱の重さを前もって測っておき、この重さに相当すると思われる重さを空気で支えてみた時である。……こうして自然科学者たちは次のことを知った。すなわち理性は自分の計画に従い、みずから産出するところのものしか認識しない。また理性は、一定不変の法則に従う理性判断の諸原理をたずさえて先導し、自然を強要して自分の問いに答えさせねばならないのであって、いたずらに自然にひきまわされて、あたかも幼児が手引き紐でよちよち歩きをするような真似をしてはならない、ということである。さもないと予め立てられた計画に従わない偶然的な観察が生じることになるし、またかかる観察はいくらよせあつめられたところで、理性が求めかつ必要としているような必然的法則にはならないからである」（第二版序文、篠田英雄訳）。実験者は、自然がよろこんでその秘密をあかすまで待たねばならないのではなく、みずからの疑問、推測、理論、観念、着想の光の中で自然を詰問しなければならないのである。「ここにすばらしい哲学的発見があるとわたくしは信じている。もっともカントの誤ちは法則を探求するというのではなく、法則を課するという点にあったのであるが」（カント没後一五〇周年にさいしてポパーが放送した「イマヌエル＝カント　啓蒙主義の哲学者」）。

III

『歴史法則主義』

——マルキシズムへの反旗——

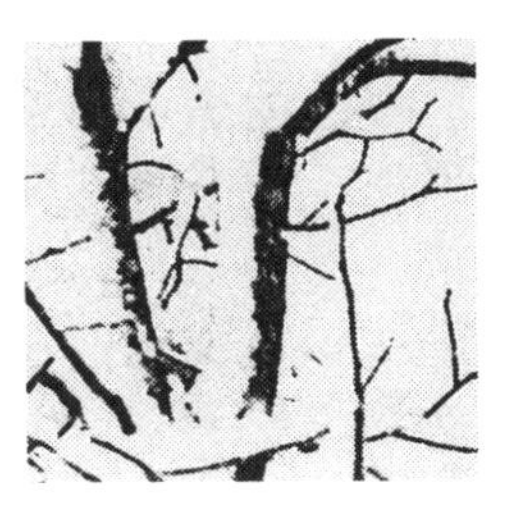

『歴史法則主義の貧困』の立場

歴史法則主義は historicism の訳語なのだが、「歴史主義」と括弧づけで訳したり、「歴史信仰」と訳されたりしている。『歴史法則主義の貧困』が出版されたのは一九五七年でマルクスの『哲学の貧困』をもじったものである（マルクスはプルードンの『貧困の哲学』をもじった）。この本の由来についてポパーが記しているのによると、一九一九年から二〇年にかけての冬ごろ発想され（第I章参照）、アウトラインが三五年ころでき三六年ブリュッセルの友人アルフレッド＝ブラウンタール宅での私的な集まりで話され、ついでロンドン大学のハイエクのセミナーでの発表がきっかけになって「エコノミカ」に四四〜四五年に三回にわけて掲載された。

歴史的運命への反証

この本のテーゼは、「歴史的運命とはたんなる迷信であり、科学的、合理的方法で人間の歴史を予言することはできない」というものであるが、ポパー自身反証をほんとうにやりとげていないという。この本にはまえがきに、「歴史的命運という峻厳（しゅんげん）な法則を信じた、ファシストやコミュニストの犠牲となったあらゆる信条、国籍、民族に属する無数の男女への追憶に」との献辞がある。ロンドン大学でポパーのゼミにでていたI・C・ジャーヴィによると、出版当時ニューレフ

ロンドン大学

トのスポークスマンであったC・テイラー、G・シルバらは「大学と左翼評論」誌などでポパーは反動であり、反マルキストであり、マルクスを不当に批判しており、ポパーのいう「歴史法則主義」は「藁人形」を攻撃しているにすぎないと痛罵したという（『真理を求めて』一九八二）。「よく売れはしたが、読者からの讃辞はなく、読んだひとは少なかった」といわれている。ニューレフトの痛罵はおくとして、読んだひとが少なかったというのは著作そのものの不整合にも原因があるように思われる。

この本の構成は第1章「歴史法則主義」の反自然主義的主張、第2章「歴史法則主義」の自然主義的主張、第3章は第1章の批判、第4章は第2章の批判となっているのであるが、ジャーヴィの指摘するように（次ページ図参照）、第3章の21、22は第2章の15、16、17の批判（第1章のではなく）となっており、順序も混乱しているのである。さらに10の本質主義と唯名論との対比のところで執筆が中断され、『開かれた社会とその敵』の執筆を並行して進めたことが、混乱の原因ともなったのであろう。「未消化のまま書かれてしまった」と、ポパーはいう。

歴史法則主義というのは「歴史的な予測が社会諸科学の主要な目的であり、またその目的は歴史の基底に横たわるリズ

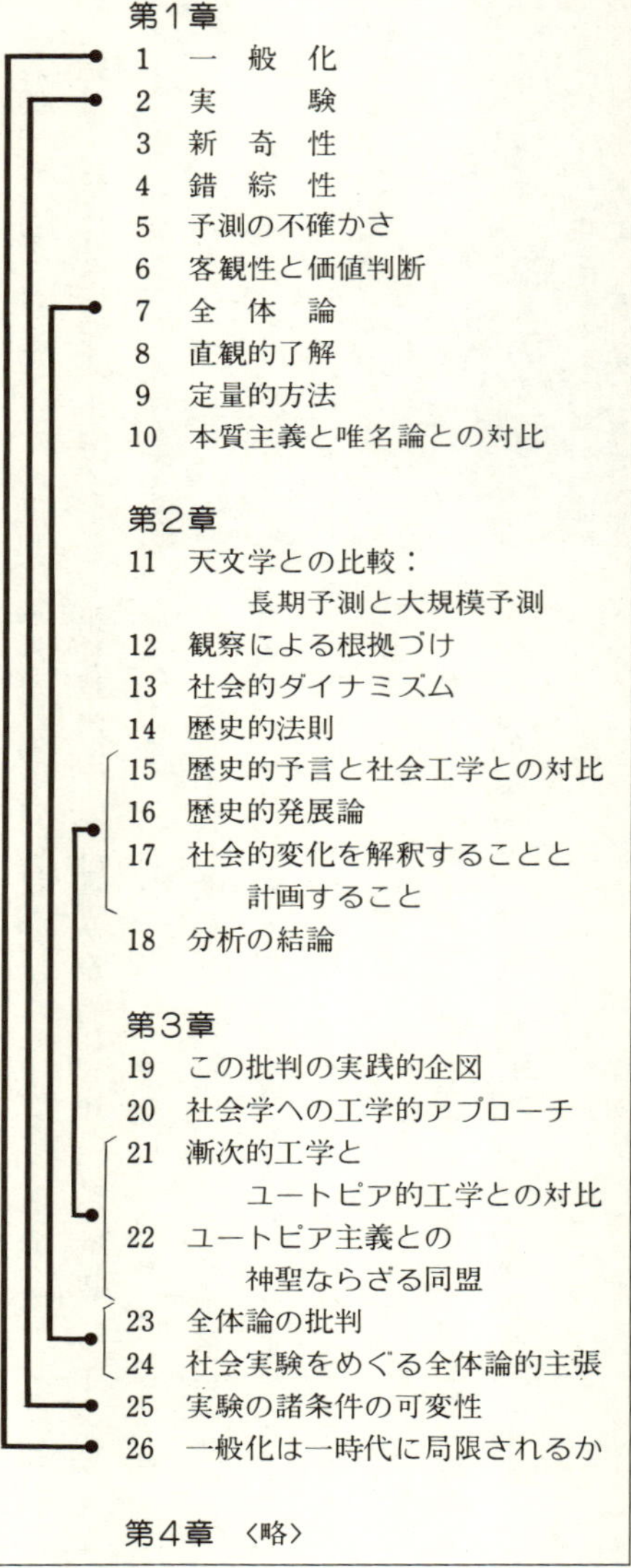

ムやパターンあるいは『法則』や『傾向』を見出すことによって達成しうると仮定するところの社会諸科学に対する一つのアプローチ」である。ポパーによると、「社会科学はいまだそのガリレオをもっていない」ため、物理学をモデルとして社会科学に、A適用できないとするもの、B適用できるとするもの、Cその混合と分類し、第一章ではAを、第二章ではBを説明している。しかしどれをとるかは物理学の性格、方法（とくに方法）についてのそのひとの見解によるという。

第1章
1　一　般　化
2　実　　　験
3　新　奇　性
4　錯　綜　性
5　予測の不確かさ
6　客観性と価値判断
7　全　体　論
8　直観的了解
9　定量的方法
10　本質主義と唯名論との対比
第2章
11　天文学との比較：
長期予測と大規模予測
12　観察による根拠づけ
13　社会的ダイナミズム
14　歴史的法則
15　歴史的予言と社会工学との対比
16　歴史的発展論
17　社会的変化を解釈することと
計画すること
18　分析の結論
第3章
19　この批判の実践的企図
20　社会学への工学的アプローチ
21　漸次的工学と
ユートピア的工学との対比
22　ユートピア主義との
神聖ならざる同盟
23　全体論の批判
24　社会実験をめぐる全体論的主張
25　実験の諸条件の可変性
26　一般化は一時代に局限されるか
第4章　〈略〉

A（反自然主義的アプローチ）。時空を通じて斉一性のシステムによって支配されている物理的世界での法則は不変であるのにたいして、社会法則は時空、文化とともに可変であって、自然のばあいは似た状況では似た出来事が生ずるが、社会においては長期の斉一性といったものはない。かりにあるとすれば、「人類は群生する」とか、あるいは「ある種の物の供給は有限だが、ある物（たとえば空気のような）は無限であり、前者のみが市場をもち交換価値をもつ」といった些末事になってしまう。逆に長期の斉一性がないということを否定すれば、永続的な規則性ということになり、「避けえないことは静かに、無批判にたえよ」という「宿命論」になる。歴史法則主義はだから変革の媒体は人間であり、その実践であるという。実践は情況を変える。したがって、まえの情況とあとの情況とは異なる。ここでは人為的にコントロールされて再現される情況での物理学の実験とは違う。こうした事態は歴史を生物学とはいちじるしく異なったものとする。新しい時代の出現は、社会生活でもっとも重要なものであって、過去の出来事の配置がえといったものではない。ある特定の出来事と他の出来事とを結びつけ、因果関係をつけることはできたとしても、それを一般法則に定式化することはできない。二つの出来事を結びつけるものがユニークなものであるかもしれないからである。

予測できない出来事

さらに社会生活は分類できないという点でいえば、それは個人の精神生活をふくんでおり、心理学の問題でもあるが、心理学は生物学、化学、物理学という系列をもち錯綜している。錯綜しているだけでなく、さらに予測と予測された出来事との相互関係による特殊な複雑性のために、予測が正確にできないという事情がからむ。「予測が予測された出来事に及ぼす影響、より一般的にいえば、ある情報事項がその情報の言及する事態に及ぼす影響」があるからである。ポパーはこれをエディプス効果という（いつか自分の息子エディプスによって殺されるであろうというお告げによって、父親から棄てられたエディプスが結局は父親を殺すというギリシアのドラマからとられた）。予測が予測された事態に及ぼす影響について、ポパーは次のようにいう。「株価は三日間上昇し、ついで下がる」という予測は、三日目に売ることによって三日目に下がるとすれば、これは予測の自己矛盾であり、予測できないということになる。こうした社会におけるこみいった事態は、物理学における観察にともなう人間と物質との相互作用にともなう不確定さよりはるかに重大な問題をはらむ。予測も予測された出来事もともに社会的出来事であり、予測が影響を及ぼすという事実はまさに客観性を損ってしまうのである。「真理を語りはしたが、客観性を遵奉したことにはならない」ことになる。どれが偏見であるかを見わけて、それを除去することが可能かどうかが疑わしくなり、政治的な成功だけが決め手となってしまうのである。

社会学は物理学のように定量的に因果説明ができない。定性的に目的だとか意味を理解すべきだとこの反自然主義的見解は主張する。

共感的想像力によって、個別的出来事をそれが特殊な闘争のなかでの特殊的な複合体にたいしてもつ役割を理解することだといわれる。こうした見解には、⑴、社会的出来事はどういうとき理解されたといわれるかというと、ある活動とある目的（これには合理的なものもあるし非合理的なものもある）との関連を再構成すること、⑵、⑴を前提として、意味を理解すること。「一つの社会的出来事、つまり一つの政治的行為は他の出来事にある影響を与えるだけでなく、そのことがまさに広い範囲の他の出来事の状況的価値を変えるのだという」。⑶、⑴・⑵を前提としてさらに客観的、内在的、歴史的趨勢、傾向を分析しなければならない。「たとえばドレフュス事件（一八九七年ユダヤ人であったフランス軍人ドレフュスが人種的偏見から反逆罪に問われたが、ゾラらの活動によって無罪となった事件）を十分に理解するには、その起源や帰結、情況的価値などの分析より以上にフランス共和国の発展における二つの歴史的潮流、すなわち民主的と独裁的、進歩と反動という二つの潮流のあいだの闘いの現れだということを」。社会的生起をこのように質としてとらえることは、じつはギリシア、中世以来の哲学的問題があるとポパーはいう。それは「普遍」の問題である。

たとえば普遍名詞「白い」は雪片であったり、テーブルクロスであったり、スワンであったりする。ノミナリズム（名目論）はそれを個別のものの集合に人為的につけたラベルだとするのであるが、レアリズム（実念論）は反対に実在するという。プラトンのイデア、形相はラベルなどではなく実在するのだという。現在ではこのような主張は、イデアリズムとよばれていて混乱をきたすおそれがあるので、ポパーは「本質主義」とよぶ。この論争を科学方法論に限定していえば、ノミナリズムは「いかに」howを重視するのにたいして、本質主義は「……とは何か」whatに重点をおく。「自然科学ではノミナリズムが支配的なのであるが、社会科学では本質主義が採用されている」。物理学では物体の時空的変化をとらえるのにたいして、社会科学では個人およびグループのそれぞれに内在する本質、可能性の総和とする。個人ならその自伝的生涯が、グループならその本質は歴史を通してのみ自らをあらわすといったように。

つくろいの社会工学

B（自然主義的アプローチ）。自然主義的主張は、Aとは対照的に、社会科学も物理学と同様であって、理論的、経験的だと主張する。社会科学も普遍的な諸法則の助けによって説明し、予測し、また経験に支えられねばならないし、説明、予測する出来事は観察される事実であって、これが社会科学の理論の試金石となるという。ポパーはこのことには賛成し、社会科学も物理学も方法は同じでなければならないとするが、歴史法則主義のもつAの主張、とくに歴史的法則あるいは歴史的趨勢に関する主張には同意しない。ところで予測といっても、はるか将来における惑星の位置についての予測とか、上層のイオン化現象の予測とか天気予報とかさまざまな予測があり、社会においても、革命とか一〇年後のある都市の人口とか、ごく近い時期の社会状勢の推移とかがあり、そしてAでふれたようなエディプス効果の問題もある。ポパーによると歴史法則主義は、斉一性にもとづいた自然法則と違って、時代を結びつける全人類の「歴史的発展に関する法則」、人類発展の法則を主張し、この法則は現実の政治を支える有力な武器になると主張するものだという。「社会科学は歴史学である」というテーゼが主張される。それは過去にさかのぼるのでもなく、未来を展望するのでもなく、発展の原動力、法則の研究だといわれる。ポパーがこのような歴史法則主義に反対して提唱するのは社会工学である。たとえば台風がくるという予測にたいして、こないようにすることはできないが、被害にあわないよう建物を予測設計をすることはできる。

「社会発展の法則を見出そうとするかわりに社会工学は社会的諸制度をつくり、さまざまな制約の法則を見出そうとするものである」とポパーはいう。この方法は、反歴史法則主義ではあっても「反歴史的」であるのではない。

人間社会の運動の経済法則を明らかにしようとするマルクスからみれば、社会工学は発展法則を考慮にいれていないのであるから、非現実的でユートピア的だといわれるかもしれないが、ポパーからすれば、マルクスの歴史法則主義こそユートピア的だという。このようなユートピア社会学と区別してポパーは、社会工学を主張するのであるが、社会工学でも、計画経済などと区別して自らの立場を漸次的社会工学、つくろい（tinkering）の社会工学という。経済学の分

ハイエク

野でハイエクが行っているように、科学は精神的冒険であり、新しい方法（ポパーによると数学の導入、価値論への「主観的」、「心理的」方法の導入、需要分析）を試行錯誤的に試みることによって発展する。それと同じように制度をつくり、誤った部分を手直ししながら改革していくというのがポパーの考えである。それは自由放任、レッセ-フェール、反介入主義ではないが、もともと反介入主義を一般化することはできないのだとポパーはいう。なぜなら「かれも介入を阻止する企画をもった政治的介入を推賞せねばならないから」と。

漸次的社会工学は、何が達成できないかを指摘することによって自然科学と類比的だと、ポパーはいう。「永久運動機をつくることはできない」（「エネルギー保存則」）、「百パーセントの効率をもつ機械はつくれない」（「エントロピーの法則」）。物理学のエンジニアの青写真にはそれなりの知識の基礎がある。しかし、「社会的実践がおよそ実践的であるためには、全体的スケールでなされてのみ意味がある」というのはユートピアンにすぎないと、ポパーはいう。

「実験的」であるということは、えられた結果と期待された結果とを比較することによって、予期された結果と実際の結果とのあいだのズレによって認識を獲得する方法だという意味で実験的であるのである。誤ちから学ぶのである。政治における科学的方法というのは、障害だとか、望ましくない結果から学ばねばならないのだが、ユートピアンは「あまり大きな誤ちから、学ぶことができないのである」。

科学の方法の単一性

A、Bに共通しているのは、未来を予言するためには進化の法則を明らかにしようとすることである（天文学の長期予測とダーウィン主義への誤解にもとづいた「科学主義的」《ハイエク》偏見なのだが）。ポパーによると、進化とひとがいうとき、それはさまざまな種や属の先祖をさがすということであるから、それは普遍法則などではなく、たとえある種の普遍的な自然法則、遺伝、突然変異などがはいっているとしても、本質的には系譜に関する単称的歴史的言明であって、一つの単一な過程を観察することに局限されているなら法則は見つからない。一匹の毛虫をどれほど見ていても蝶に転化することを予測できないのと同じだ。人間の歴史はどうか。それは「緊急事態が次から次へと起こっているだけ」（H・A・L・フィッシャー）なのだろうか。こうした見解に対抗して、

(1)　進化のプロセスがユニークであることを否定するもの（プラトン、マキアヴェリ、ヴィコ、シュペングラー、トインビー）。

(2)　ユニークであっても、そこには趨勢、傾向があり、これを叙述する仮説をつくってテストできるとするもの。

の二つがある。(1)は誕生、幼少期、青春期、成熟、老齢、死といった生命のサイクルを歴史にもみとめようとするのである。しかし「このような反覆的循環過程の法則を信ずるなら、その

J・S・ミル

法則の歴史的裏づけをほとんどあらゆるところに見出せる。……しかしそのことは形而上学的理論が見かけ上は裏づけられるということの一つの事例にすぎない。その諸事実なるものをより綿密に検討すれば、諸事実によってテストさるべきはずの当の理論の光によって選択された事実であることが判明するのだ」とポパーはいう。(2)の趨勢、傾向も単称歴史言明であり存在言明であって、普遍言明ではない。にもかかわらず、「歴史法則主義は法則と傾向を混同している」。J・S・ミルは、趨勢は「一つの経験法則であるにすぎない」とし、このような経験法則は、先天的な演繹が歴史的証拠と符合することによって、真の自然法則の位置に還元されるまで確実なものと見なすべきでないという。ミルのいう自然法則とは、「人間性」すなわち心理に関する法則であった（ミル『論理学体系』一八四三）。「個々の事実はその原因を指摘することによって、つまり、当の事実が生ずることがその一事例であるような法則もしくは諸法則を述べることによって説明されたといわれるのである。したがってある大火は、可燃物の堆積に火花が落ちたことから生じたと判明したときに、説明されたことになる。また同じように、ある法則が説明されたといわれるのは、その法則自体が一事例であるような、そして当の法則がそこから演繹できるような他の法則あるいは諸法則が指摘されたばあいである」。ポパーは、これにたいして次のようにいう。「ある特殊な出来事を因果的に説明するということは、その出来事を叙述した言明を二種類の前提から演繹するということである。つまり、若干の普遍法則と特殊な初期条件とよんでいいような若干の特殊的な言明という二種類の前提から演繹するのである」。図式的にいえば、(1)普遍的法則と(2)特殊な初期条件から、(3)予測的言明を演繹するのである。ふつう(2)は原因、(3)は結果とよんでいる。「ある出来事は何らかの普遍法則との関連において他の出来事（結果）の原因なのである」。(1)・(かつ)(2)──→(ならば)(3)が予測で逆のばあいが説明である。ポパーによると、ミルの見解では(1)と(2)が混同されていて、「原因」はときには特称的出来事(2)をさし、ときには普遍的法則(1)を意味している。そこから「より良くより幸福な状態へ向かう傾向」といった無条件的、絶対的な趨勢となり、さらにこれが心理学の諸法則へと還元される。しかし、「絶対的趨勢を信ずることは非科学的であり、形而上学的である。それは『これこれの性質の趨勢が存在する』という一般化された存在言明によって定式化することができるのだが、こうした言明はテストできない」。というのは当の趨勢からどれほど偏差していることが観察されても、右の言明を反証できないのだ。「『長い眼でみれば』逆方向の偏差が起こって、事態はしかるべきものとなるのだといった風に希望的な思考をすることがつねに可能なのだから」。こうしてポパーはいう、「この点が『歴史法則主義』の中心的な誤謬といっていい。『歴史法則主義』がいう『発展の法則』なるものは絶対的趨勢のことだとわかり、その趨勢は、法則と同じように初期条件に依存せず、抵抗しがたくわれわれを未来の方向へつれていくもの、それは条件的な科学的予測とは違って、無条件的な予言の根拠とされる」。

(2)から(3)へというとき、(2)には数えきれない可能な諸条件があるのであって、これらの諸条件を検討することは「歴史法則主義者」にはできない。かれらは、気にいりの趨勢を固く信じていて、それが消え去ることになるような諸条件は考えることができない。「歴史法則主義」の貧困は想像の貧困だと、ポパーは批判するのである。

仮説演繹法

仮説の方法

科学の方法には単一性があって、自然科学でも社会科学でも方法は同じなのだというのがポパーの考え方である。ヨーロッパの近世の哲学伝統には大陸の演繹主義があり、デカルトのいうように明晰にして判明なものから出発するものと、イギリスのロック、バークリー、ヒュームとつながる経験から出発する帰納主義がある。ポパーはこれにたいして仮説演繹法を主張する。前述の(1)•(2)──↓(3)の図式で実験、観察の結果が(1)の普遍言明と一致すれば、(1)は確証されたことになり、一致しないとき、それは反証されたのであって、したがって当の普遍言明は除去されねばならない、というのが仮説演繹法である。デカルトの「明晰にして判明なもの」には経験のくつわが必要であり、また経験は普遍言明の試金石となる。理論を確立するという目的からすれば逆説的なように見えるかもしれないが、ポパーの真意は、理論を確立するためには厳しいテストがなければならないということなのである。理論はテストによって自壊するかもしれないのだ。最善をつくしても反証できないときにのみ理論はテストにたえたというのである。理論自身がたえず批判にさらされている。こうした批判がないとき、きままな理論がつくられ、お好みの理論にあわないものは見ようとしなくなるという。

理論が直観からつくられるか、それとも帰納からか（帰納は眼の錯覚だとポパーはいう）は主観的な事柄なのだが、しかしいかに理論をテストしたかはそうではない。それは客観的なことである。理論とテストはギブ-アンド-テイクであり、そのやりとりの過程のなかで理論はきたえあげられていく。このようなことは自然科学でも社会科学でも同じである。社会科学のばあい、「人間という原子の内側」についてわれわれは直観的に、日常的に知っている。そして、他の人びと、あるいはすべての人びとに関するいくつかの仮説をつくるために、われわれ自身に関して直観的にもっている知識を用いる。これはしかし私事に属することであって、つくられた仮説はテストされねばならない。社会は自然より複雑だというのは偏見だとポパーはいう。人為的に、孤立化させた実験と具体的な社会状況とを比較するのは、もともと比較できないものを比較するのであり、また別な面からいえば、社会は自然より複雑ではないともいえる。なぜなら人間には合理性があるからで、したがって単純なモデルが、論理的合理的構成方法がつかえるという。ポパーは、それを「ゼロ方法」とよぶ。「ゼロ方法というのは介在する諸個人がすべて、まったき合理性をもつという仮定（そしておそらく十分な情報をもつという仮定）の上にモデルを構築して、人びとの現実の行動がそのモデルの行動とどれほど偏差するかを一種のゼロ座標として、モデルの行動を用いながら評価する方法」をいう。

これまでのべてきた科学の方法の単一性を歴史学に拡大して考えてみるとどうなるか。「歴史学は法則や一般化といったものよりはむしろ現実の特殊性、つまり特殊な出来事にたいする関心によって特徴づけられる」ということである。「特称的な出来事の因果的説明は、すべて当の『原因』なるものがつねに特称的な初期条件によって叙述されるかぎりは、歴史的なものということができる」。このことは歴史学はストーリーを物語ることに等しいということになる。理論的科学では、(1)・(2)・(3)の形で理論テストすることであるが、歴史学ではこうした形をとっていない。あるいは歴史学でも普遍法則を用いているとの反論がなされるかもしれないが、その法則といわれるものはきわめて些末的なものなのだ。「たとえばジョルダーノ＝ブルーノの死の原因は火刑台で焼かれたことであったといっても、われわれには普遍法則（すべての生物は強い熱にさらされると死ぬ）をことあたらしくのべる必要はない」。「理論的諸科学の領域外では普遍法則はふつうはほとんど関心を喚起しない」のである。

ポパーは歴史法則主義を否定するが、歴史学が資料の洪水に窒息させられまいとするなら、なんらかの選択的アプローチがなされねばならないし、ここでは科学のばあいと同じようにテスト可能な仮説が用いられるという。そのさい一見したところ裏づけるものが多くても反証できないようなものは歴史的解釈だという。

歴史法則主義の誤謬

そして、歴史法則主義はしばしばこの解釈を理論と認識する。「たとえば『歴史』なるものを階級闘争の歴史として、あるいは覇権をねらう諸民族の闘争の歴史として……あるいは科学と産業と進歩の歴史としてさまざまに解釈することは可能である。……しかし、かれらは解釈の多様性が必然的に存在すること、しかも暗示性と任意性との双方の点で基本的に同じレベルにある解釈が多数あることを了解しない。……その代わりにかれらは、すべての歴史は階級闘争の歴史であると主張することによって解釈を理論として呈示する」。選択的アプローチであることを自覚していないとポパーはいう。逆に選択性を否定する古典的歴史家は客観性をめざしながら、それが不可能であるために、なんらかの見地を採用せざるをえなくなり自壊する。

人間の進歩とその条件

ポパーはそこで情況、事態の論理を提案する。歴史法則主義は進歩史観であったが、ポパーは進歩の諸条件を見出すよう試みるべきだという。そのためには、進歩が停滞させられる諸条件を想像しなければならない。(1)進歩を阻害する条件は心理的性向のみでは不十分である。思想の自由、良心の自由、集会・結社・表現などの自由が制度的に保障されていなければならない。さらにこの制度は法律によって保護されてなければならない。「究極的には政治的諸要因に依存する。すなわち思想の自由を擁護する政治的諸制度、デモクラシーに依存する」。したがって、(2)進歩の条件を制度的に（そして工学的に）分析しなければならない。このような制度的条件は進歩のために必要ではあっても十分ではないとポパーはいう。「制度は要塞のようなものであり、うまく設計されているとともに、適切な兵員配置がなされていなければならない」。こうした点からいえば、「人間的あるいは人格的要因というものは大部分もしくはすべての制度的社会理論において特有の非合理的要素でありつづけるであろう」。社会理論を心理学へ還元するのは誤解にもとづくという。ポパーの「ゼロ方法」は心理的な方法ではなく論理的な方法であった。ミルの方法とは対照的に「人間的要因は社会生活とすべての社会的制度における究極的に不確かな特有の気まぐれ的要素」で、これを制度によって統御することは不可能事を達成しようとする試みであり、行使しえないところに権力を行使しようとする試みであって、もしそのような試みがなされるなら少数のものの気まぐれが全能となりうる状態にいたる。

「人間の進歩に関するかぎり、その源泉は『一風変わっていて隣人とは異なっていることの自由』つまり『多数派と意見を異にしてわが道をゆく』自由にある。人間の権利の平等化ではなくて、人間の精神の平均化を導かざるをえない全体論的統御は進歩の終焉を意味する」と。

Ⅳ　開かれた社会

――先哲たちの犯した誤ち――

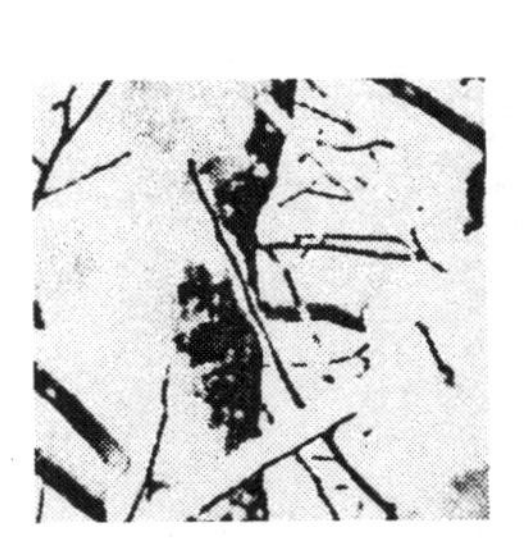

開かれた社会の敵たち

「歴史的予言」への反証

『開かれた社会とその敵』が二巻にわけられて出版されたのは、一九五〇年であった。一九三八年三月一二日、ドイツ軍のオーストリア侵入のニュースをきいたとき、この本の構想がたてられ、『歴史法則主義の貧困』の第一〇章「本質主義」によせられたポパーの友人たちのコメントを参考にしながら執筆され、四三年ころには完成されていた。「戦況不明の状態のなかで感情をむきだしにした点」をのちにポパーは自省している。

執筆当時、ヨーロッパの資本主義国においては戦時統制経済が行われており、全体主義は不可避ではないかという大方の声があった。しかし、ポパーにとっての問題は歴史的予言であり、それがもつモラルの問題であった。

『歴史法則主義の貧困』で主張されているように、普遍法則と初期条件から結果が予測されるのであり、そしてそのような普遍法則が歴史においては成立しないのであるなら、もともと予言など歴史においては不可能なのである。にもかかわらず、「歴史法則主義」的思考が人びとのあいだに根強くあることが、モラルの問題としてきわめて深刻だと、ポパーは感じていたのである。

「政治にたいする真に科学的ないし哲学的な態度、また社会生活一般のより深い理解といったものは、人間の歴史についての冥想と解釈にもとづかなければならないという信念が広くゆきわたっている。ふつうのひとは、自分の生活の枠組とか個人的経験や小さな苦労の重要性などを当然のこととしているのであるが、これにたいして社会科学者ないし社会哲学者というものは、ものごとをもっと大所高所から考察すべきであるといわれる。かれは個人を一つの歩として、つまり人類の一般的な発展のなかでの大した意味をもたない手段として見る。また、かれは歴史の舞台における真に重要な俳優たちは偉大な民族とその偉大な指導者たちであるとか、あるいは偉大な階級であるとか、あるいは偉大な理念であることを見出す。これがどのようなものであれ、かれは歴史の舞台の上で演じられる演劇の意味、すなわち歴史発展の諸法則を理解しようとつとめるであろう。もしかれがこのことに成功するならば、もちろんかれは未来の展開を予測できるであろう。そうすれば、かれは政治を堅固な土台の上におき、どのような政治的行為は成功の見込があり、どれが失敗しそうかを告げることによって、われわれに実践的な助言を与えることができるであろう」。引用文にふれられているのがファシズムであり、マルキシズムであり、ヘーゲル主義であることは明らかであろう。開かれた社会の敵（たち）というのはプラトン（第一巻第一〜一〇章）、ヘーゲル（第二巻第一一〜一二章）、マルクス（同第一三〜二二章）であって、ポパーの批判が何にたいして向けられているかを理解しうるのである。

プラトン論

強大な支配者　プラトンのイデアは、近代人が考えるようなわれわれの心のなかにある観念といったものではなく、時空に存在しているのではないが実在し、ものの根拠となるものであって、われわれの感覚はそれを分有するのである。ソクラテスの方法をひきついだプラトンは、ものの隠された性質、イデアを発見すること、知的直観によって本質（イデア）をとらえることが哲学に課せられた仕事であって、科学の目的は本質をあらわにし、本質を定義によって記述することだとする点で、経験的事象の記述および普遍法則による説明であるとする近代的な立場とは違っている。「本質主義」がプラトンの立場であった。ところで、プラトンのイデアは完全、真、実在、善なるものであり、変化は不完全、偽、非実在、悪なるものであった。形而上学的なこのようなイデアから出発すれば、以後の変化は不完全、偽、非実在、悪なのである。変化は堕落なのである。増大する腐敗の法則という歴史法則である（「法律」）。『ティマイオス』では神が人間になり、人間のうち卑怯もの、悪党が女性になり、また知性のないものは動物になる。プラトンのこのような見解は、ヘシオドスの発展の悲観法則に似ているのである。黄金の時代から銀の時代、青銅の時代、英雄の時代を辿って「今の世はすなわち鉄の種族の代なのじゃ。昼も夜も労役と苦悩に苛まれ、その熄む時はない」時代（『仕事と日々』松平千秋訳）とヘシオドスはうたう。ポパーによると、プラトンはマルクスの(1)段階論、(2)史的唯物論、(3)エリート論（階級論）の先駆者なのである。『国家』でのべられているのは、もっとも賢い神に似たひとの王制が、しだいに人びとの野心の不統一のもととなって競争的、獲得的な社会的趨勢となるにつれて、古い単純な既成習俗と新しい富の生き方とが対立するようになる（金権政治）。そして寡頭政治家と貧困階級の対立社会（寡頭政治）となり、内戦のすえに貧困階級が勝利する社会が成立する（民主政治）。この民主政治がやがて専制政治になるとプラトンはいう。変化の駆動力は内政上の不一致、経済的利害の対立で激化する階級闘争、とくに支配階級そのものの内紛であって、これが崩壊へとつながっていく。どうして崩壊をくいとめることができるか。プラトンは階級の廃止によってではなく、有力な支配階級の強力な支配によって解決しようとした。プラトンが描く理想社会では、守護者、戦士、労働階級の三つの階級があり、はじめの二つの階級は十分な教育をうけた軍事的な牧人であり、労働者階級は武器をもたない教育のない羊であった。プラトンは奴隷廃止を口にするアテネのデモクラットに侮蔑

プラトンとアリストテレス

の念をもちつづけた。プラトンによると、必要なのは支配階級の統一であって、階級の廃止ではなかった。支配階級は自らの統一を固めるためには訓練をつみ、経済的利害から解放されていなければならなかった。コミュニズム（私的所有の廃止）、貴金属をもつことの禁止、婦人・子供の共有（家族の廃止）、繁栄も貧困もさけなければならない。こうして内からの連帯をつよめ、さらに支配―被支配の溝をひろげておかねばならない。支配階級は人種、教育、価値観において被支配階級より卓越しているのであるから。プラトンの歴史法則主義はこうして全体主義につながると、ポパーは主張する。

反人道主義の立場

ポパーのプラトンは、「ソクラテスの鬼子」としてのプラトン説であった（J・ワイルド『ポパーのプラトン解釈』、レヴィンソン『プラトン擁護』一九五三）。プラトンの全体主義というのはポパーによると、階級が厳密に区分されていること、国家の運命は支配階級の運命であり、支配階級は軍事、教育を独占し、経済活動から排除されていること、支配階級の知的活動の監視、国家の自立などによって特徴づけられている。こうした全体主義からはおのずから反人道的な正義論がでてくるという。

プラトンの正義とは、最善の国家の利害に関わるものは何かという問題であり、それは変化を抑止することにあった。『国家』（正義についてという副題がついている）で、プラトンはのべているの

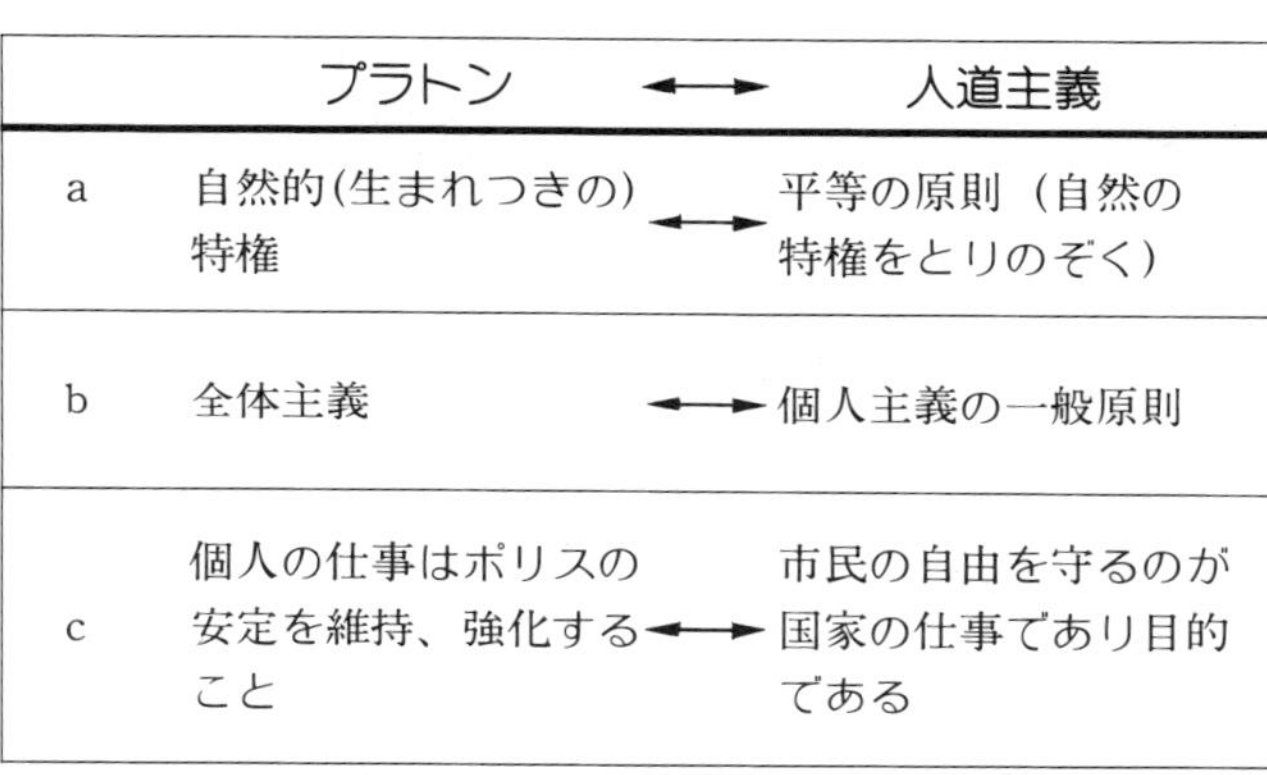

	プラトン	⟷	人道主義
a	自然的(生まれつきの)特権	⟷	平等の原則（自然の特権をとりのぞく）
b	全体主義	⟷	個人主義の一般原則
c	個人の仕事はポリスの安定を維持、強化すること	⟷	市民の自由を守るのが国家の仕事であり目的である

プラトンと人道主義

は、ポリスにおいてひとは一つの仕事のみをなしうる。守護者、戦士、労働者の三階級は厳密に区別されていて、同一階級の内部では仕事の交換はできるが、階級相互間で交換はできない。三つの階級の区分を画然として維持することが正義なのであり、ポリスの平安を守る正義とは支配者が支配し、労働者が働き、奴隷が隷属することであった。今日われわれの考えているような特権の排除は不正義なのであり、階級の特権の維持こそ正義であった。プラトンのこのような正義論は、「正義とは平等である」としたゴルギアスや「正義とは獲得物と名誉を市民に平等に分配すること」というアリストテレスなどの当時の思想とは対照的であって、その点でプラトンの全体主義的正義論は当時の新説であった、とポパーはいう。プラトンの反人道主義を対照させると、上図のようになる。

ヘロドトスの『歴史』のなかで、オタネスは独裁者は好ましいことでもなく善いことでもない。そのようなことはあってはならぬことだとしていう。「もっとも重大であるのは、それは独裁者というものは父祖伝来の風習を破壊し、女を犯し裁きをへずして人命を奪うことだ。それにたいして大衆による統治は、まず第一に万民の同様(イソノミア)という世にも美しい名目を具えており、第二には独裁者の行うようなことは一切行わぬということである。職務の管掌は抽籤(ちゆうせん)により、役人は責任をもって職務に当たりあらゆる国策は公論によって決せられるのだ」(松平千秋訳)。プラトンの自然的特権の主張は、出生、家族関係、富にかかわらない公平を主張したエウリピデス、アンティフォン、ヒピアス、ヘロドトス、アルキダマス、アンティステネスに向けられているのである。そしてプラトンは逆に平等主義の弱点をつく。「等しくないものを等しくとり扱うのは不平等を生みだす」(『国家』)と。ポパーによると、平等主義はもともとあやしげな自然権にもとづいて主張されてきたのであって、自然的とここでいうのは生物学的ということであるが、そうした事実から規範は帰結されないのであるから、自然権にもとづいて(反対して)平等主義を主張することもあいまいさをともなうという。「等しいものには等しく、等しくないものには等しくなく」(アリストテレス)ともいえるのである。

閉ざされた社会のモラル

ところでプラトンは『国家』で次のような対話をさせている。

「国家において支配の任にあたる人たちに対して君は訴訟を裁く役目を課するのではないかね。」

「ええ、むろん。」

「その場合かれらが裁きを行うにあたってめざすことは、ほかでもない。各人が他人のものに手を出さず、また自分のものを奪われることもないように、ということではないだろうか。」

「ええ、まさにそのことです。」

「そのことが正しいことだと考えてだね。」

「ええ。」

「してみると、この観点から見てもやはり、他人のものでない自分自身のものを持つこと、行うことが〔正義〕であると認められてよいことになるだろう。」

「そのとおりです。」

「ではさらに見てくれたまえ、君もぼくと同意見かどうか。――もし大工が靴作りの仕事をしようとしたり、靴作りが大工の仕事をしようとしたり、お互いの仕事道具や地位を取り替えたり、あるいは同じ人間がその両方の仕事をしようとしたり、その他すべてがこうして取り替えられるとした場合、何らかの重大な害を国家に与えることになるだろうと君には思えるかね。」

「いいえ、それほど大したことはないと思います。」

「しかしながら、思うに、生まれつきの素質において職人であるのが本来の人、あるいは何らかの金儲け仕事をするのが本来である人が、富なり、人数なり、体の強さなりその他これに類する何らかのものによって思い上がったすえ、戦士の階層のなかへ入って行こうとしたり、あるいは戦士に属する者がその素質もないのに政務を取り計らって国を監視、守護する任につこうとしたりして、これらの人びとがお互いの仕事道具や地位を取り替える場合、あるいはまた同じ一人の人間がこれらすべての仕事を兼ねて行おうとする場合は、こうした階層どうしのこのような入れ替りと余計な手出しとは国家を滅ぼすものであるということに君は同意見だろうと思う。」

「ええ、完全に同意見です。」

「してみると三つの種族の間の余計な手出しや相互への転換は国家にとって最大の害悪であり、まさに最も大きな悪行であると呼ばれてしかるべきだろう。」

「まさにそのとおりです。」

「しかるに国家に対する最大の悪行こそは〔不正〕にほかならないと君はいうだろうね？」

「ええ、むろん。」（藤沢令夫訳）

厳格な階級性を維持すること、階級性の弛緩はポリスの崩壊につながる。ポリスを維持することが正義で、あたかも時計の部品のようにパーツはその分に応じて働くことが全体としての時計の安定性につながるように、ポリスの成員は各々の階級のなかでその分に応じて働くことが正義なのである。ポパーはこれを「閉ざされた社会」のモラルとよぶ。「プラトンはかれが打破しようとした勢力の強さと道徳的訴えを知り、恐れていたので落着かなかったのだ。かれはあえてその勢力に挑戦はしなかったが、自分自身の目的のためにその勢力を引きいれようと試みた。プラトンの著作から、新しい人道主義的道徳感情を自分の目的のために利用しようとするひねくれた意識的な試みを読みとるか、あるいはむしろ個人主義の害悪についての自分自身の善良な良心に納得させようとする悲劇的な試みを読みとるべきかはわからない。私の個人的な印象では後者であり、この内的葛藤こそがプラトンの魅力の主要な秘密である」という。

「誰が支配すべきであるか」

プラトンが「賢者が指導し支配すべきであって無知の者は従うべきである」というとき、「誰が支配すべきか」ということが当然のこととして了解されている。「誰が」を「最善のもの」、「生まれつきの指導者」、「一般意志」、「主人たるべき人種」、「労働者」、「人民」としても設問のし方は同じである。これを指導者原則論あるいは無拘束主権論とよび、ポパーはこれにたいして「われわれはどうすれば悪い支配者、ないし無能な支配者があまりにも多くの損害を与えることを阻止できるような政治制度を組織しうるか」という「抑制と均衡の理論」を提案するのだが、その理由は「無拘束主権論」がもつパラドックスにある。プラトンが民主制を批判して、僭主の起源を物語るとき、プラトンは暗黙のうちに次のような問いをしている。

もし人民の意志が自分たちは支配すべきではなく、かわりに僭主が支配すべきだということであったらどうであろうかと。自由人はその絶対的自由を行使して、まず法にさからい、ついには自由そのものにさからって僭主を要求してさわぐこともあるであろうと、プラトンは示唆しているのである。この自由のパラドックスはたんなる可能性ではなく、事実としていくたびか起こったことでもある。そしてそのつど多数派支配の原則やこれに類した主権原則を政治的信条の究極的基礎として採用するすべての民主主義者たちを知的に絶望的な立場においこんできたのである。というのも、かれらの採用した原則は一方では多数派支配以外のいかなる支配にも反対すべきだとし、それゆえ新たな専制主義に反対すべきことを要求する。しかし、他方では同じ原則が多数派のきめたいかなる決定をも、それゆえ新たな専制主の支配をもうけいれるべきだと要求する。「かれらの理論の不整合は、もちろんかれらの活動を麻痺させずにはおかない」のであるから。

また主権論にもパラドックスがある。もっとも賢いものが支配者にえらばれたとする。賢いがゆえにかれは多数者が支配すべきだ、と決定するかもしれないのである。

このようなパラドックスをふくまない民主的コントロール理論をださなければならないのであるが、プラトンの設問「誰が支配すべきであるか」ではとけない、とポパーはいう。

「閉ざされた社会」と「開かれた社会」

ソクラテスは善は知である、ひとは知に反しては行動しない。だから善は教えることができると主張した（『メノン』）。『メノン』では奴隷もピタゴラスの定理を理解できることが示されている。そうした意味では平等主義である。しかし、教育を十分にうけていないもの、賢くないものには教育が必要だということから権威主義にもつながる。ソクラテスの議論は両刃の剣なのである。そしていかに私は知ることが少ないかという産婆術がソクラテスから消去されてしまうと、プラトンの賢者の支配、哲人王説となる。哲人王にとって真理は全体的効用性をもつものであって、ちょうど医者が嘘あるいは虚偽という劇薬さえ用いることがゆるされるように、哲人王もプロパガンダを用いることがゆるされる。ひとに嘘を信じさせようと説得する。「人種」とか「祖国」とかいった血と土の神話を宣伝するように。「ギリシア語のpseudoをポパーは嘘と訳すが、もっと広い意味をもっていてフィクションをもふくんでいる。ポパーは『不思議の国のアリス』を嘘といってるような誤ちを犯しており、プラトンにナチズムをよみこもうとしている」とワイルドは批判しているのであるが。ともあれポパーによると、プラトンの王者は、ソクラテスと違って知の探求者ではなく誇り高き知の所有者であった。なぜ哲学者が王でなければならないのか。それは哲学者が本質を知っているからであり、尺度のイデアを知っているからである（『フィレボス』）。このような本質は完璧であってその実現のためには少数の哲学者だけが知っている全体の青写真があって、究極的な目的のためのさまざまな部分的目的があり、そしてその手段がある。かりに慈悲深い独裁者がいたとしても、その意図と結果とのあいだのずれには批判がないから、かれは苦情をきく耳をもたない。しかし、不合理な苦情を抑えることは合理的な批判をも抑えることにもなりかねないのである。またある時点で理想であったものも、その後継者には理想とは映らないこともあるのだ。プロセスが理想を変えてしまうのであるから。目的は手段を正当化しないのである。社会全体の長期の青写真という「ユートピア社会工学」が成立するためには、絶対不変の理想というものがなければならない。そしてそこには理想をいっきょに決定しうる合理的な方法があり、かつそれを実現する最善の手段もあるという仮定があるのであるが、ユートピアン同士のあいだで青写真について意見の不一致があるのだし、そもそも有限な人間が全体の青写真をつくることなぞできないのである。

こうしてプラトンが哲人王を主張するとき、かれは「開かれた社会」の敵となる。プラトンの問題は、ポパーによると、民主主義と個体主義との勃興による社会変化にどのように対処するかということであり、その処方箋は部族主義への回帰であった。プラトンの部族主義は、現代のポリネシア諸島における社会の呪術的、非合理的慣習に似ているとポパーはいう。呪術的というのは「自然」の規則性と規約的人為的社会とが区別されておらず、タブーの厳格さが支配し、いかに行動すべきかを疑い、批判することがないことをいう。問題、責任、合理的反省をともなったひとりひとりの決断、あるいは、ありうる諸結果を評価し、結果のいずれを選択するかといった決断のない社会、こうした部族的社会を「閉ざされた社会」とポパーはよぶ。このような社会では足は頭になろうとはしない。これにたいして個人的決断をともない、慣習にたいして疑い批判する社会を「開かれた社会」という。

ヨーロッパ文明の起源をギリシアにもとめるというとき、そのギリシアとは「閉ざされた社会」から「開かれた社会」への「偉大な時代」であるこの移行期のギリシアである。保守派のソフォクレス、ツキディデス、動揺する懐疑派のエウリピデス、アリストファネス、民主派のペリクレス、ヘロドトス、プロタゴラス、デモクリトス、アルキダマス、アンティステネス、ソクラテスらの思想的葛藤をへて、呪術的信仰から合理的信念へと移行した時代のギリシア思想である。そしてこの信念へのもっとも偉大な貢献者はソクラテスであった。かれの貢献は「魂の概念の創造であった」(バーネット)といわれるが、それは形而上学的なものではなく、個体理論の創出であったとポパーはいう。ソクラテスの個体理論はたんに部族主義を解体させただけにとどまらず、個体は自らの解放に値するものであり、魂を配慮し、自らを知ること(知らないことを知れ)を主張し、自己満足、欲望の世界を超出しようとしたのである。ソクラテスの弟子であったプラトンは、「開かれてしまった扉を閉め、社会にたいして比類のない深さと豊かさをもつ魅力的な哲学の呪文を投げかけてそれを押さえつけようとしたのである」。

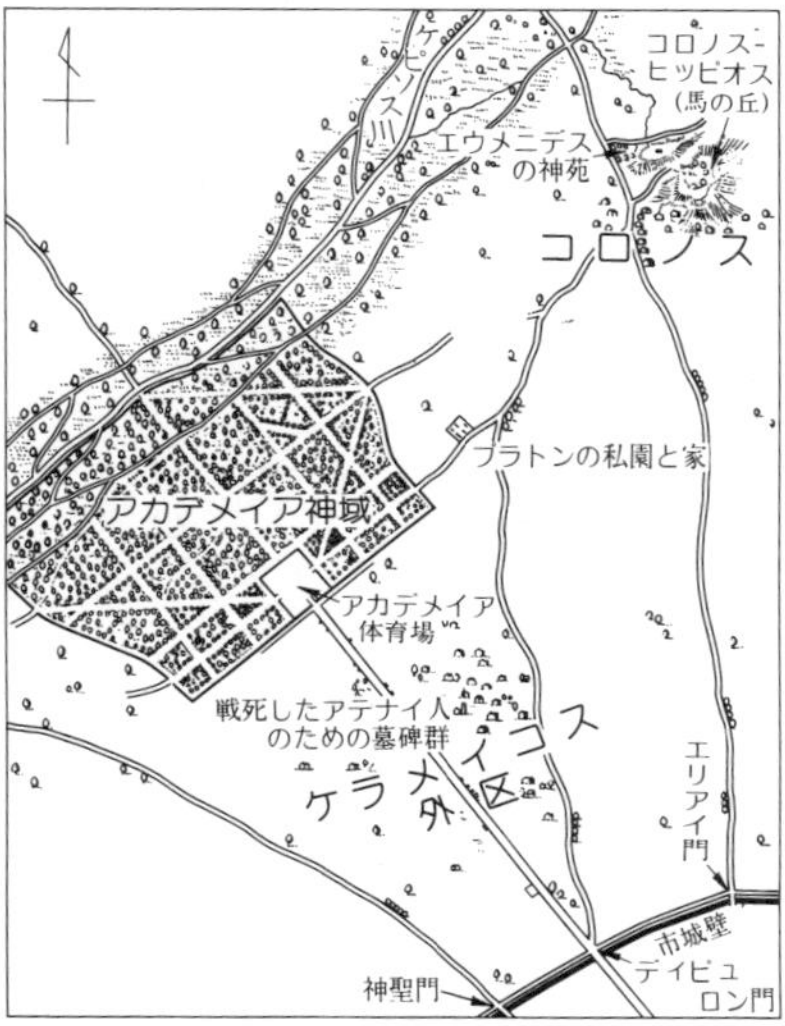

アカデメイア周辺想像図
(広川洋一「プラトンの学園アカデメイア」)

「われわれがプラトンから学ぶべき教訓は、かれがわれわれに教えようとするものとは正反対のものである。」「われわれがひとたび自分の理性にたより批判の力を用いはじめるならば、またひとたび個人の責任の要求およびそれとともに知識の進歩を助ける責任を感ずるならば、われわれは部族の呪術への盲従といった状態にもどることはできない。調和のとれた自然状態への復帰などということはありえないのである。もしわれわれが引き返すならばわれわれは道のり全部を行かねばならない。……われわれは野獣にかえらねばならない。……われわれは野獣にかえることはできる。だが人間であり続けたいと望むならば、そのときには唯一つの道、開かれた社会への道があるのみである。われわれは安全および自由の両者のための良い計画を立てるために、もち合わせの理性を用いて、未知と不確実と不安定のなかへすすみつづけなければならない。」

ヘーゲル論

アリストテレスからヘーゲルへ　ポパーは歴史法則主義と全体主義との結合の近代版（のちにふれるヘーゲル、マルクス）の背景説明に限定してアリストテレスにふれ、アリストテレスの目的因は生物学と結びついたプラトンの変形であって、それは可能性が現実的となるという意味で歴史法則主義に寄与するものだという。すなわち歴史によってのみ隠された未展開の本質を知ることができるのであり、変化のみが本質を現象させる。現実的であるためには本質は変化のなかで展開しなければならない。アリストテレスの本質論もプラトンのばあいと同様に、「……とは何か」という本質論的アプローチである。またアリストテレスによると、科学はドクサと違って論証的学問であり、原因の学だといわれるが、すべての知識を論証することはできないのであって、論証とは真なる前提から真なる帰結が生じ、偽なる帰結が生じないということであり、その前提そのものを論証しようとすれば無限遡及になる。したがって基本的な前提は直観によらざるをえない。近代科学論（名目論的アプローチ）と対立するアリストテレスの本質論はヘーゲルにつながっていると、ポパーはいう。

「現代のすべての歴史法則主義の源であり、ヘラクレイトス、プラトン、アリストテレスの直接の継承者である」ヘーゲルの新しい部族主義は、ポパーによると、当時のプロシアの自然科学の後進性によるのみでなく、「生まず女の形式論理学」にとって代わった魔術的方法である弁証法、わずかな科学的鍛練と知識のみで目をみはらせるほどの科学的雰囲気をかもしだす方法に魅せられた人びとの無責任さによるという。

ヘーゲル哲学は、ナポレオン戦争後の封建的王政復古期にプロシアの公認哲学となって、ドイツの哲学教育を支配し、以来間接的にドイツの中等教育をも支配した。大陸のみでなく、イギリスにおいても流行した（スターリング『ヘーゲルの秘密』一八六五）。しかし、「この二〇年間にヘーゲルへの関心は徐々にではあるが消滅しつつある」。ポパーが、それにもかかわらず、拘泥するのは、「ヘーゲルの影響は……道徳哲学や社会哲学ひいては社会科学や政治学にいまなお強力で……それはマルクス主義的極左も保守中道派もファシスト極右もその政治哲学の基礎をヘーゲルにおいているという事実があるから」なのである。ヘーゲルの歴史法則図式を「左翼はヘーゲルの民族間の戦争を階級間の戦争に、極右は人種間の戦争におきかえてヘーゲルに追随している」という。

プラトンとヘーゲル

ポパーはプラトンとヘーゲルとを対照していう。プラトンのイデア（本質）は、流転する事物に先立って存在し、あらゆる発展の傾向は完全性からの離脱であり、没落、頽廃への運動、堕落の歴史なのであるのにたいし、ヘーゲルではイデア（本質）は流転する事物のなかにある。本質と知覚可能な現象との間に深淵がないというのではない。しかし、本質は魂であり精神であり、自己創造的であるが、事物の運動のなかでのみ現象してくるというのである。

また、ヘーゲルではプラトンのいう事物の運動の没落説とは対照的に運動は理念に向かう。アリストテレスの「目的因」の方向に向かう。そしてこの目的因の発展目標は「絶対精神」なのである。ヘーゲルの流転の世界は創造的進化の状態にあって、おのおのの段階は先行する段階にとってかわり、より完成なものへ近づく。発展の一般法則は、「弁証法的」進歩の法則である。ヘーゲルは国家を有機体と考え国家理性を付与した。国家の本質は歴史からのみ知られる。「こうして歴史法則主義方法の根本的立場はその歴史あるいはその『精神』の歴史を研究することである」ということになる。

さらに「存在に現象することを欲するすべての民族は、歴史の舞台への登場、他民族との闘争によってその個性と魂とを主張せねばならず、闘争の目的は世界支配である。」「世界史は世界法廷である」(『法哲学』)。

ヘーゲルの弁証法

ポパーによると、ヘーゲルの弁証法はカントの曲解なのだと批判される。「カントはヒュームの影響下にその『純粋理性批判』において次のように主張した。純粋な思弁や理性は経験と照合されない領域にふみだすときには、いつでも矛盾や二律背反（アンチノミー）にまきこまれやすい。そこではすべての形而上学的断定（テーゼ）には反対の断定（アンチテーゼ）を対立させることができ、両者は同一の仮定に由来し、同程度の明証法をもって証明できることを示そうとした。……カントの意図は形而上学の『呪うべき多産性』をこのときかぎり永久に停止させることにあった。」「ヘーゲルは、カントがもろもろのアンチノミーを指摘したのはまったく正しいが、そのことで当惑するのは誤っていると考える。理性が自己矛盾せざるをえないのは理性の本性によるのである。……理性はアンチノミー、矛盾を通じて発展する。テーゼはアンチテーゼを生みだし（テーゼを否定する反論によって）、これらの闘争によってより高いレベルでのジンテーゼ（綜合）が獲得されるのだという」。ヘーゲルの弁証法を「科学的思考が進んでいく歩み方の叙述」としてはポパーはみとめるのであるが、その意味は矛盾は許容できないものであり、さけることのできるものであるという想定に立つこと、そのことによってのみ科学は進歩していくということ、したがって矛盾が発見されたなら、科学者はそれを排除するためのあらゆる試みをなさねばならないのである。ヘーゲルのように矛盾を容認するならそこからどのような帰結もでてくるのであり、矛盾した帰結をみとめざるをえなくなって、一切の科学は崩壊するのである（ポパー『弁証法とは何か』）。ヘーゲルはこれとは逆に、矛盾は許容できるものであり、さけることのできないものであるのみでなく、大いに望ましいものであるという。だからポパーによると論証や批判は不可能となり、自らの哲学をあらゆる批判から守りうることになる。それは強化されたドグマチズムにほかならないと。

ナショナリズムの変質

『開かれた社会とその敵』の第一二章、三節で、ポパーはドイツ‐ナショナリズムにふれている。ナショナリズムとは、「理性や開かれた社会への反逆と強い親縁関係をもっており、それは部族本能、情熱、偏見に、また個人的責任の重圧から解放されたいという郷愁的な願望に訴えてくる」ものであり、長らく消滅していたのであった。そもそも民族国家の原則そのものでさえ自明ではないのである。「民族国家の原則は適用不可能であるばかりでなく、いまだかつて明確に表現されたこともないし、それは神話なのである」「自然な国境によるナショナリズム」（ヘルダー『人類史の哲学にむけての諸理念』一七八五）、「民族の国境は言語によって決定される」（フィヒテ）はその一例である。ポパーは、たとえばナポレオンの侵入にさいしてドイツにおこったナショナリズムは本能的、革命的なものであったという。民衆はルソーやフランス革命の意味で理解していた民主主義的改革を要求した。かれらはフランスの征服者なしで改革を実現しようとのぞんだ。「ここではナショナリズムは自由の陣営へ向かっていた。」こうした手に負えない新しい民主主義的な宗教はプロシア王フリードリッヒ＝ウィルヘルムにとって大きな焦慮の種であり、また危険の源であった。ここでヘーゲルが登場してくる。かれの任務は、自由、平等などの諸理念をねじまげ、ナショナリズムを閉鎖社会の陣営に送りかえすことであり、自

ヘーゲル

由主義的ナショナリズムをプロシア至上主義的国家崇拝に転換させることであった。ヘーゲルの歴史的民族理念の根拠がここにある。

ヘーゲルの全体主義（部族主義）がどのように継承されているか（もちろん現代の全体主義、ファシズムはドイツ社会民主党への反撃として生まれてきている以上、ヘーゲルそのままではなくヘーゲル＋ヘッケルという形をとっているとポパーはいう）を次のように要約している。

(a) 国家は国家をつくりだす民族（または人種）の精神（あるいは血）の化体であるという歴史法則主義的思考形態をとったナショナリズム、すなわち選ばれた民族（選ばれた人種）が世界支配の運命をになう。

(b) 国家はほかのすべての国家を天敵として自らの存在を主張せねばならない。

(c) 国家はいかなる種類の道徳的義務も免除されている。歴史上の成功が唯一の裁判官なのである。集団の利益が個人的行動の一切の原理である。宣伝家の虚言や真理の歪曲はゆるされる。

(d) （全面的および集団主義的）戦争、とくに老いたる国家にたいする若い国家の戦争という「倫理的」理念。

(e) 偉人、世界史的人物、深遠な知識と偉大な情熱の人の創造的役割（リーダーシップの原則）。

(f) プチ-ブルやその浅薄で凡庸な生涯と対立する英雄の理念、「英雄的人間」という理念。

マルクス論

ヘーゲル主義から受けついだもの マルクス主義がヘーゲル主義からひきついだ重要な見解としてポパーは、次の諸点を列挙している（『開かれた社会とその敵』第一三章、註2）。

(A) 歴史法則主義、社会科学の方法は歴史の研究であり、とくに人類の歴史的発展に固有な諸傾向の研究である。

(B) 歴史的相対主義、ある歴史時代における法則は他の歴史時代における法則である必要はない（ある時代に真であるものが他の時代に真である必要はないとヘーゲルも主張したとポパーはいう）。

(C) 歴史的発展に固有な進歩の法則が存在する。

(D) 発展とはよりいっそうの自由と理性に向かう発展である。ただしこれを実現する手段はわれわれの合理的な計画ではなく、むしろわれわれの情熱とか私欲のような非合理な力である（ヘーゲルの理性の狡智（こうち））。

(E) 道徳的実定主義、あるいはマルクスのばあい道徳的「未来主義」。

(F) 階級意識は発展を推進させる手段のひとつである（ヘーゲルでは民族の意識、民族精神）。

(G)　方法論的本質主義、弁証法。

(H)　以下のヘーゲル風の思想は、マルクスの著作においてもその役割を演じているが、マルクス以後のマルクス主義者のあいだではとくに重要になった。

(H′)　たんに「形式的な」自由、「形式的な」民主主義と「真の」あるいは「経済的な」自由、「経済的な」民主主義との区別。これに関連して自由主義にたいするある種の二義的な態度すなわち愛と憎しみの混合した態度。

(H″)　集団主義。

マルクス主義には、ファシズムに共通した面があるとポパーはいうのである。ヘーゲルの「精神」を「物質」でおきかえたのがマルクス主義であり、「人種」でおきかえたのがファシズムなのだと。もっともポパーにとって、マルクス主義の人道主義的衝動は疑いえないものであったし、真理探求におけるマルクスの誠実さはマルクスの後継者と峻別さるべきものであった。それならなぜポパーはマルクスを攻撃するのであろうか。「マルクスは、その功績にもかかわらず偽りの予言者であった。……かれは歴史の進路の予言者であったが、その予言は真実とはならなかった。しかしこれがわたくしの主たる告発ではない。かれが多数の知的な人びとを誤らせ、歴史予言が社会問題にアプローチする科学的方法であると信じこませたことが、いっそう重大なのである」。ポパーによると、マルクスには社会工学がなく、マルクスは社会工学はユートピアだと批判さえしている。

マルクスは経済分析と純粋に歴史法則主義的方法とを峻別すべきであった、とポパーはいう。哲学を解釈でなく実践とした初期マルクスがフランス唯物論の「不可避の法則論」によって、プラグマティックな立場を放棄して、科学的＝決定論に立ち、しかもこの決定論が歴史法則主義に転じていったことがポパーにとっては「もっとも重大な」問題であった。「マルクスの思想はさまざまな点でかれの時代すなわちかの歴史的大地震、フランス革命の記憶がまだ生々しかった時代の産物であった」（この記憶は一八四八年の革命でよみがえった）。

マルクスとミル

マルクスとミルには共通した歴史法則主義があるとポパーは指摘する（六六ページ参照）。マルクスは、『資本論』序文で「近代的社会の経済的運動法則を露呈することがこの著作の窮極目的である」とのべた。ミルは、「社会科学の根本問題は任意の社会状態が後続してとって代わる状態を産出するときの法則を発見することである」として、二種類の社会学研究をあげ一つは社会技術、もう一つは歴史法則主義的予測とし、後者は一般的社会科学であり、因果性の原則にもとづくとした。マルクスもミルもレッセ‐フェールに満足せず、より根本的な基礎をもとめたのである。しかし、ミルの社会学研究は最終的には心理学に帰着し、歴史の発展法則は人間の本性「精神の法則」にもとめられた。それは「心理学主義」であった。

しかしマルクスはミルに反対する。法的諸関係と種々の政治的諸構造は、いわゆる一般的な「人間精神の進取の気性」によって説明されうるものではない。「人間はかれらの生活の社会的生産において、一定の、必然的の、かれらの意志から独立した諸関係を、すなわちかれらの物質的生産諸力のある一定の発展段階に照応する生産諸関係をむすぶ」(『経済学批判』序言、宮川実訳)。ポパーは「経済主義」とよぶ。マルクスは心理学に還元できない社会学の自律性を主張したのである。「人間の存在を決定するのは意識ではなく、かれの社会的存在」なのである。

社会の自律性についてポパーは次のようにいう。たとえば、猿も類人猿も人間もみな一様に蛇をきらう。それは「自然的」natural な面をもっているが、また、実験によってそうでなくすることもできる。その意味では「規約的」conventional な面をももっている、とポパーはいう。人間の行為は、私的で心理的な動機だけからではなく、社会的な性質をもった一般的な状況をもあわせて考慮されねばならないのであって、後者は制度的である。そうした意味では自律的である。これにたいして、そのような社会的環境はもともとは人間がつくったものなのであるから、人間性によって説明できるのだし、社会的環境はひとたびつくりだされると固定化、伝統化されるとしても、その起源に関しては人間性で説明できる。「人間は別の実体に転換されはしない」。こうして歴史法則主義へとたどるのがミルの立場であった。マルクスはこれと対立している。人間の行為は、部分的には意識的、意図的であったとしても、その大部分は意図されない、しばしば望んでいない産物をともなう。ミルの立場は、望まない産物をともなうということを否定するであろう、とポパーはいい、

「社会の陰謀理論」とよぶ。トロイ戦争はホメーロスの神々の陰謀によるとするのと同じ様に、社会でおこる出来事は、ある有力な個人、団体の意図の直接的な結果だというのだ。しかし、「陰謀はめったに成功しない」とポパーはいう。社会科学の課題は、したがって予測しにくい反応をできるだけ予測するということにあるのであって、「意図的な人間行為の意図されない社会的はねかえり」を考慮することにある。社会的情況は動機あるいは「人間性の一般理論」に還元することができないのである（『情況の論理』八八ページ参照）。

ある人が家を買おうとする。かれは家の市場価格が上がらないことを希望する。しかし、かれが買手として市場に登場するという事実が市場価格をつり上げることになる。売手のばあいは逆だが、いずれにしても希望と事実はへだたりがあるのである。

ミルに反対したマルクスはどうか。

ポパーによると、マルクスは必然の王国である社会体系の歴史の歩みのなかで生じた結果と考えているという。

史的唯物論

マルクスとミルは、ともに社会現象は歴史的に説明されねばならないとし、歴史の段階はそれまでの発展の産物であるという点で一致しているが、ミルは心理学主義に立ち、マルクスは唯物論に立っているという点で相異している。ポパーは、マルクスの唯物論を

マルクス

「二元的な実践的人間論」として理解する。『資本論』第三巻において、マルクスは、社会生活の物質的側面すなわち生産と消費の側面を人間の物質交代（メタボリズム）として記述し、われわれの自由はこのメタボリズムの必要物によって制約されざるをえないとし、われわれが自由になるためにはこのメタボリズムを理性的に行うこと、「自由の王国は窮迫と外部からの目的によって強制された苦役がなくなるところではじめて始まる。したがって自由の王国は本来の物質的生産の領域の彼方に存在する」とのべた。ヘーゲルとともにマルクスは自由が歴史発展の目的であると考えた。しかし、マルクスはわれわれが純粋に精神的な存在者でないことをみとめる。「すなわち、われわれはわれわれの物質交代の必要物から、したがって生産のための骨折りから全面的に解放されることはないであろうから、われわれは完全に自由であることもないし、完全に自由を達成しうることもない。せいぜいわれわれになしうることは身心を消耗させ、人間の品位にふさわしくないような労働条件を改善すること、そうした条件をよりいっそう人間にふさわしいものにすること、それらを平等化すること、われわれのすべてが自分たちの生活のある部分については自由であることができる程度にまで苦役を縮小すること……これが思うにマルクスの人生観の中心点理念である」とポパーはいい、こうしたマルクスの考え方にはメタボリズムの法則という科学的決定論が結びつく。そしてマルクスの史的唯物論について、その歴史法則主義はすて、経済主義（唯物論）をとれという。さらにマルクスのメタボリズムをふくむ物質的世界と思想、観念の世界との関係は短絡的に実在、本質と現象、偶有性との関係と類比的にとらえるべきではないという。

「ある種の思想、われわれの知識を成立させているような思想は、ひじょうに複雑な物理的生産手段よりもいっそう基礎的だとさえいえる。あらゆる機械やあらゆる社会的組織をもふくめて、われわれの経済体制がある日突然破壊されたとする。しかし技術上の知識や科学上の知識は保存されたと想像してみよう。こうしたばあいでも（多数の人びとが餓死してしまったあとで小規模に）経済体制が再建されるまでに長い期間が費やされることはないであろう。だがこれらの事柄についてのすべての知識が消滅し、物質的なものは保存されたと想像してみよう。このばあい未開民族が高度に産業化されてはいるが人びとのいなくなってしまった国を占領したばあいに生ずることと等しいであろう。それはただちに文明のあらゆる物質的残存物の完璧な消滅につながるであろう。」ポパーは下部構造＝上部構造論を否定したのであるが、この問題は次の「三つの世界」論と係わってくる。

「国家の死滅」　エンゲルスは「共産党宣言」の序文（一八八八年英語版への）で、「宣言」の核心をなす基本思想は「いかなる歴史的時期においても経済的生産と交換の支配的な様式、およびそれから必然的に生まれる社会組織が土台をなし、その時期の政治的ならびに知的歴史はこの土台のうえに築かれ、この土台からのみ説明される」（大内・向坂訳）という主張であるとのべる。国家によって強制される法的諸制度の体系は、一階級が他の階級を抑圧するために組織されたものであって上部構造であった。マルクスの国家論は、法的諸制度が社会生活においていかに機能しているかを確定しようとするかぎり「制度主義的」であるが、法的諸制度の本質的機能は何かと設問する点では「本質主義」であり、マルクスにはそうした二つの面がある、とポパーはいう。

そして、マルクスの国家論から帰結するのは政治の無力さということ、「国家の死滅」（『反デューリング論』）なのだと。原則上すべての政府は（民主主義的政府でさえ）、支配階級の被支配階級にたいする独裁である。資本主義の下では、ブルジョアジーの独裁であると同じように、社会革命ののちにはプロレタリア独裁なのである。ただしプロレタリア国家は旧ブルジョアジーの抵抗が鎮圧されると、無階級社会に到達するからその機能を喪失する。「国家の死滅」といわれるゆえんである。ポパーによると、マルクスには理想化された前提（法体系としては自由、法の前の平等、正義は万人に保証されているといったこと、経済の領域においては商品としての労働力をふくめて、すべての商品はその再生産に必要な平均労働量に比例して売買されるといった）から出発し、こうした法体系のもとでですら労働者がその自由を享受できないように機能するようになる。形式的自由と実質的自由とが区別され、自由が問い直されてくる。「資本制」の不正、非人間性についてはポパーはマルクスの指摘を肯定しているのであるが、ポパーは、「自由のパラドックス」で説明できるという。自由は、無制約であるなら、強者は弱者を脅しつける。弱者からその自由を強奪することはあってはならないのだから、ひとの自由が法によって保護されるためには国家はある程度まで自由を制限しなければならないと。ポパーは、したがって無制約の資本主義から経済的干渉主義への転換を主張する。マルクスのばあい、機械の進歩→経済的階級関係の体系→政治学となるのであるが、逆に考えるべきだとしていう。「マルクスは右の図式のために経済上の弱者の運命を改善する手段の理論を展開するのを怠ったばかりでなく、人間の自由にとって最大の潜在的な危険を見落としてしまったのである。無階級社会では国家はその機能を喪失し『死滅する』というかれの素朴な見解には、かれが決して自由のパラドックスを把握していなかったこと、また国家権力が自由と人間性に奉仕することができるし、また果たさねばならない機能をもっていることをかれが理解していなかったことを示している」。

ポパーは、政治において悪しき支配者が害を与えることを防ぎ、経済において支配者の権力が増大することを防ぐには、(1)保護制度の法的枠組をつくる（制度的、間接的、長期的）、干渉(2)国家機関に一定の限界内で支配者に当分の間の期限を与える（個人的、直接的、短期的）干渉の二つがあるとし、民主的コントロールのためには、(1)を強化し(2)はできるだけ抑止すべきだと提案する。漸次的社会工学の立場からすれば、(1)のみが討論と経験にてらして調節しうる方法なのであるが、このことはプラトン、ヘーゲル、マルクスのように「誰が支配すべきか」という設問からは無視されてしまうという。

マルクス批判　ポパーは、マルクスの理論を第一段階、資本主義の根本的経済諸力とそれが階級の諸関係に及ぼす影響、第二段階、社会革命の不可避性、第三段階、社会主義社会の出現の予測とわけ、第三段階を第一八章で、第二段階を第一九章で、第一段階を第二〇章でそれぞれ討論し批判している。一八六七年に出版された『資本論』第一巻が第一段階に集中されているのは当然のことであるが、社会主義社会の成立、展開を目撃することのなかったマルクスが社会主義についてもっていたそのイメージと、二〇世紀のポパーのイメージとはおのずから異なってくる。第一八～二〇章で展開されているポパーのマルクス批判の主な論点の要約を次に紹介しておこう。

マルクスの第三段階の論理は、前提として資本主義の発展（少数のブルジョアジー、厖大なプロレタリアート、貧困の増大、搾取者への反抗）であり、帰結は①労働者階級の勝利、②ブルジョアジーの排除、一つの階級の成立である。ポパーは帰結の①は認めるが、②は疑問視する。二つの階級のうち一つが残ることは無階級とはならない。マルクスのいう一つの階級の団結、勝利は、いまや戦うべき敵がなくなった時点で、自らの内部に新しい利害関係の争いが生じてくるかもしれない。そうした可能性を否定することはできない。そして新しい階級は、この事実を隠蔽するために反革命の進展などを口実として革命イデオロギーを利用するかもしれない。「搾取はブルジョアジーとともに消失するものではない」。ポパーは、資本主義の後継者として、干渉主義的な国家を(イ)ロシア的、(ロ)全体主義的、(ハ)民主的の三つの類型を考え、(ハ)を選好する。「イギリスではマルクスの時代に週四八時間労働が実施され、失業保険制度、強度の累進税、相続権の廃止、国家による通信、運輸機関の中央統制、国有化された工場と生産手段の数と規模との増大、公立学校のすべての児童の無償教育などマルクスの共産主義革命の一〇項目のプログラムは実施されていた」という。マルクスの前提を強化して、たとえばイデオロギーであるモラルをいれるなどすればどのような結論、帰結をももつことができる。そしてそのことはイデオロギー的諸要因の役割を認めることになってしまう。

第二段階でのマルクスの前提は階級分裂で、帰結は(イ)中間階級の消失、二つの階級間の緊張、プロレタリアートの階級意識化、統一、(ロ)二つの階級間の緊張は除去できないということである。ポパーはこのような前提・帰結関係は成立しないという。たとえば(イ)について、とりわけ土地問題では、農民は必ずしもマルクスのいうようにプロレタリアートと結びつかず、また「すべての土地所有の廃止」（「共産党宣言」のテーゼI）がそのための有効なスローガンとはならないであろうし、さらにプロレタリアートの階級意識化、統一がむしろ妨害されるように新しい中産階級の創出がなされるなど、ブルジョアジー、大土地所有者、その他の土地所有者、農民、新しい中産階級、産業労働者、ルンペン－プロレタリアートなどのさまざまな階級が労働者の統一を妨げる。マルクスの論理には、循環論理にも似た誤謬がふくまれていると、ポパーはいう。そして、そこに暴力革命論が導入されることは実践的政治学の視点からすれば有害であると批判する。「わたくしは専制下での暴力を否定するものではない。しかし、暴力革命はその唯一の目的としてデモクラシーの確立を目ざすことでもある。……ここでいうデモクラシーとは人民の支配、多数の支配といったあいまいなものではなく、一群の制度（たとえば普通選挙、政権担当者をも追放する権利をふくめて）をいう。……暴力の行使が正当化されるのは暴力を使わずには改革をしえないような専制政治下においてのみであり、また暴力の行使は暴力を使わなくとも改革をなしうるような状態の実現を唯一の目的とすべきなのである。……ひきのばされた暴力は自由の喪失につながる」。

マルクスの『資本論』の主要な部分である第一段階でのポパーの批判は、マルクスの「価値論」に向けられており、ポパーのいう価値論の問題とは、なぜ買手が商品を「価値」以下で買うことができなく、また売手が以上で売れないかを説明することであり、このことは需給のメカニズムで大部分が説明できるのであって価値法則は余分なものだという。マルクスの「価値論」は価格の背後にあるものをもとめるという本質主義があるのだと批判する。

自由への愛

このような評価、批判に立ってポパーはいう。「マルクスが行った当時の社会学的、経済学的分析が一面的であり、偏見があったとしても記述的であるかぎりにおいてはすぐれたものであった。予言者としてのかれの失敗は歴史法則主義の貧困にあった。このことは今日、歴史的傾向あるいは趨勢と見えるものが観察されるにしても、それが明日も同じように出現するかどうか知りえないという単純な事実にあるのだ。」マルクスは無制限な資本主義が永続しないであろうこと、そして変動の原動力としての階級闘争を正しく認識してはいたが、干渉主義についてはまちがっていた。「さし迫った展開は政治的であれ、経済的であれ国家の影響力を縮小するであろうというのがマルクスの確信であったが、干渉主義はいたるところで影響力を増強したのである。」マルクスの分析が成功しているのは、歴史的発展の法則といった歴史法則主義的方法によってではなく、制度的分析によるのである、とポパーはいう。『資本論』は社会倫理を暗黙のうちに示唆している。「マルクスは説教を憎悪していたから明示的な道徳論を回避したのだとわたくしは思う。ふだんは水をのめと説教しているくせに自分はいつもぶどう酒をのんでいるような道徳家に深い不信をもっていたのだから。……マルクスが自由主義の賛美者たちを攻撃したのはかれらの自己満足の故であり、かれらが自由を、自由を破壊した社会体制内にその当時内在していた形式的自由と同一視したからである。それゆえマルクスは暗黙のうちに自由を愛していることを承認した。かれは哲学者としては全体論を偏愛していたにもかかわらず、国家は死滅するであろうと期待していたのだから集団主義者でなかったことは確かである。マルクスの信仰は基本的には開かれた社会への信仰であったとわたくしは信ずる」。こうしたポパーのマルクス評価にしたがえば、マルクスの実践主義と歴史法則主義とは対立し矛盾する。

「哲学者はあれこれと世界を解釈してきただけだ。問題は世界を変えることにある。」「自由の王国において、ひとは自らの社会環境の主人である」とした初期マルクスの実践主義は、かれのとった歴史法則主義のためにしだいに亀裂を広めるようになる。歴史法則主義の前提となるのは正しい歴史予言の可能性である。しかし、この前提に立つならそれは未来のモラル体系を採用せよということであり、未来を招来するのにもっとも有効な行為をするひとのとるモラル体系をとれということになるであろう。われわれは未来の道徳をそれがまさしく未来の道徳であるがゆえにうけいれるというべきなのであろうか。この問題はそれ自体がまさに道徳の問題なのである、とポパーはいう。ヘーゲルは「理性的なものは現実的であり、現実的なものは理性的である」といった（『法哲学』）。ひらたくいえば、権力＝正義ということである。ポパーはこれを道徳的実定主義とよぶ。この立場からは現状への道徳的批判は不可能になる。現状それ自身が道徳的準則を規定しているのであるからである。現在を未来におきかえても同じである。そうした意味では道徳的保守主義、道徳的現行主義、道徳的未来主義のあいだにどのような相違もない。「マルクスは一七八九年の理想を深刻にうけとめたひとりであった。……自由がいかにねじまげられてしまったことか。かれは社会を改革しようとした。改革とはより以上の自由、よりいっそうの平等、より以上の正義、……それ以上の生活水準を意味していた」。道徳体系を選択するための予言的社会学なぞもともとないのである。こうしてポパーはいう。「科学的マルキシズムは死んだ。その社会的責任の感覚、自由への愛のみが残されている」と。

科学と倫理の解明へ

事実と決定の二元論

プラトンの歴史法則主義にふれたさい、ポパーはプラトンの試みは「大改革の時代」に逆って古い部族主義の閉ざされた社会へひきもどそうとしたのだといい、またマルクスのばあい、歴史の苦しみを短くするというのは実践論であって歴史法則主義と矛盾してくる。このことは自然と規約、科学と倫理とについてのより立ちいった解明を要求する。『開かれた社会とその敵』第五章「自然と規約」は『探求の論理』（『科学的発見の論理』）と『開かれた社会とその敵』とを結びつける結節点ともなっているように思われる。ポパーによると、呪術的原始部族社会においては不変のタブーとか習慣は日の出、日没や季節の循環などと同じように不可避のものと感じられていたのであるが、この閉ざされた社会が崩壊してくるとしだいに両者は切りはなされ、「自然」と「社会」の違いについての理論的理解が深まってくる。自然の法則は不変であって例外がなく（例外は法則の変更ではなく、仮説が反駁されたにすぎない）、それは破壊されたり強制されたりすることはなく、人間のコントロールできないものである。これにたいして社会の規範法則は法令にせよ、戒律にせよ、人間の作為によるものであり、また変更できるものである。

自然の法則では真とか偽が、社会の規範のばあいには善悪とか、正、不正という言葉が用いられる。両者はしばしば混同されているのであるが、ポパーによると、プラトンははじめは両者を分けない素朴一元論の立場に立っていたが、しだいに両者を分離するようになり、批判的二元論、批判的規約主義に変わっていったという。規範とか規約的というとき、人間のつくったもの、したがって恣意的なものというのではない。「批判的二元論が主張するのは、規範や規範法則は人間がつくり、また変えることができるものであるということ、さらにいえば、それを守ったり変更しようとする決定であるということ、それゆえそれらにたいして道徳的責任があるのは人間であるということ」なのである。「われわれがこの世界の一部であるという事実にもかかわらず、自然にたいしてわれわれの標準を課し、このようにして自然界へ道徳を導入するのはわれわれなのである」。こうした決定は事実からはでてこない。奴隷制に反対という決定は、「人間はすべて自由で平等に生まれ、誰も鎖につながれて生まれるのではない」(ルソー)という事実に依存するのではない。人間が鎖につながれて生まれるものだとしても、多くのひとはかれらの鎖の撤去を要求するかもしれないのだ。たしかにある種の決定は、自然法則と矛盾するばあい、たとえば「すべての者がもっと多く働いてもっと少なく食べるべきだという決定」のように実行不可能なものとして排除される。しかし、このことは事実から決定が論理的にひきだされるということではない。こうしてポパーは事実と決定の二元論を主張する。事実と決定との二元論にたいして、決定も心理的事実だという反論がなされるかもしれないが、決定には決定されたということと、決定するという、作用としての決定の二つの面があり、後者は事実ではないのであるから、二元論はいぜんとして保持できるとポパーはいう。規範は人間がつくったものであるということは恣意的であるということにはならない。ある種の恣意性がはいりこむことをまったく否定することはできないが（たとえばあまり選びばえのしない規範体系が存在するかもしれないが）、立派な恣意的でない人工的なものがあるのだという。「自然は規範を知らない」。「制度や規約は人間を獣たち以上の地位に高めた」（プロタゴラス）のである。

倫理における合理性

ところで道徳的決定というとき、選択せざるをえないある選択肢から生じてくるかもしれないさまざまな帰結を注意深く分析することが必要とされる。そうでないなら盲目的に決定しているのである。このことは科学的方法と類似している。ある抽象的科学理論をうけいれたり拒否したりするのは実験結果によるのであるからである。しかしと、ポパーはいう。「道徳論と科学理論とのあいだには根本的な相異がある。……科学理論のばあいにはわれわれの決定は実験結果に依存している。実験結果が理論を確証するならばよりよい理論が見出されるまでその理論をうけいれる。しかし実験結果がその理論と矛盾するなら、その理論を拒否する。そして実験が下す判決はわれわれ自身に依存しないのにたいして、われわれの良心の下す判決はわれわれ自身に依存するのである。」こうした自然と規範との相違にもかかわらず、倫理においても科学的方法と同じようなことがいえるわけで、これを倫理における合理主義という。つまり、理性に訴えてできるだけ多くの問題を解こうとする姿勢であり、批判的な論議に耳を傾け経験から学ぼうとする姿勢である。君のほうが正しいかもしれない、わたしがまちがっているかもしれない。とにかく努力して真実に近づこうというのである。この立場はプラトンのように理性を能力としてとらえ、もっともすぐれた能力をもった賢人に最終判決を下させるとか、あるいはヘーゲルおよびヘーゲル主義者のように国家を決定基準とするのとは違って、具体的な個人、多数の無記名の個人に自由を保障し、そこから間個人的 interpersonal に、討論によって問題解決をめざすものである。プラトンのように傲慢に一個のすぐれた資質に信をおいて確実に知るという不可謬論（にせ合理主義）ではなく、ソクラテスのように自らの制約を知るという知的謙虚さをともなった可謬論（真の合理主義）である。ソクラテスの合理主義こそポパーが支持するものである。しかし、合理主義といっても論理実証主義者のように「私は論証あるいは経験という手段によって弁護されないような考えや仮定をうけいれる用意はない」（論証によっても経験によっても支持されない仮定は破棄さるべきであるというウィーン学団のテーゼ）という無批判的あるいは全面的合理主義はとれない。つじつまがあわないからである。なぜならこの原則そのものは論証あるいは経験によって支持されているのではないのだから。合理主義者は論証、経験を重視するがそれらが合理的姿勢を確立するものではない。合理的姿勢をとるということは理性を信ずるということであって、このこと自体は合理的ではないのである。「わたくしの合理主義はそれだけですべてを完備したものではなく、合理的態度というものへの非合理的な信念にもとづいている」（『ユートピアと暴力』）。「これ以上の立場に到達できるとは、わたくしは思わない。おそらくこういえるであろう。他人を納得させ、また他人から納得させられるという平等で相互的な権利にたいするわたくしの非合理な信念は人間の理性への信頼なのだと。あるいは端的に、わたくしは人間を信ずるものである、と」（同上）。

批判的合理主義

ポパーは自らの立場を批判的合理主義とよぶ。部分的には非合理主義に譲歩した批判的合理主義をとるか、非合理主義をとるかは道徳的決定をするさい大きな問題となる。ひとが非合理主義をとるばあい、次のようになるとポパーはいう。非合理主義は理性ではなく感情を重視する。ところがわれわれはすべてのひとに同一の感情をもつわけにはいかないから、近いもの、遠いものと区別する。われわれは抽象的に愛することはできないからだ。またこの立場は思想をそのメリットにおいて考えずに人格において考えるから政治的平等主義は不可能になる。愛という感情についていうなら、ここから必ずしも不平等が生みだされるとはいえないかもしれないが、葛藤（コンフリクト）を解決することはできないだろうとポパーはいう。「いまAが劇場へいくことを好み、Bはダンスをすることを好むとする。AはBへの愛情のためにダンスへいこうといい、Bも同じ理由で劇場へいこうという。こうして生ずるコンフリクトを解決できない」と。

ひとを幸福にするのが愛情であるというのは危険な政治的思想だ、とポパーはいう。そこには幸福にするというとき、なんらかの高次の価値といったものが想定され、それが押しつけとなるからで「地上に天国をつくる」ことが地獄をつくることにつながるようなものだという。われわれの道徳的義務についての誤解がひめられているというのである。「助けを必要としているひとを助けるのはわれわれの義務だが、他人を幸福にすることは義務ではない。幸福とはプライヴァシーに関わるものであって放任さるべきものであり、備忘録にのらないものであるのにたいして、苦痛、困窮などの予防は公共政策の備忘録項目なのである。批判的合理主義はソクラテスの無知の知にも似て、自己および他人に等しく批判的であることによって公正の観念をふくんでおり、また寛容の観念をもふくむ。」以上のことからいえることは、とポパーはいう。倫理学は科学ではない。倫理の合理的科学的基礎はないけれど、科学の倫理学的基礎はある。批判の自由、思想の自由（つまり人間の自由）を保証する道徳的義務があるのであって、それは人間主義的な意味で漸次的社会工学であり、社会の合理化、自由へのプラニング、理性によるコントロールを目ざすものであるが、これらは科学によって達せられるものではなく、ソクラテス的自由によってえられると。

「父なき社会」への提　言

一九五六年、ポパーはブリストル大学で「われわれの時代の歴史——一楽観主義者の見解」と題して講演した。第二次世界大戦後の冷戦の時代をラッセルは知的発展と倫理の跛行性（人間はあまりにも利口になりすぎたが、依然として邪悪である）に起因するととらえたのにたいして、ポパーはあまりにも愚かで善良であるというアンバランスを指摘した。サミュエル＝バトラーがいうように――牧師職に絶望したバトラーは一時期ニュージーランドに移住したことがある――「エレホン人はおとなしい辛抱強い国民で籠絡されやすく、……かれらのあいだに哲学者が現れて、現存のもろもろの制度は厳正な道徳原理にもとづいたものでないと説いて信じこませ、かれらを興奮させると、その有無をいわせぬ説法の殿堂に健全な常識をすぐさま奉納してしまう」（『エレホン』一八七二、山本政喜訳）。あまりにも多くの善良さがあまりにもわずかな合理的批判としか結びついていないばあいには、善良さがいかに危険なものになりうるかはヒトラー、スターリン時代を思いうかべるだけで明らかだ、とポパーはいう。そして「重大で深刻なさまざまなもめごとがあるにもかかわらず、またわれわれの社会がありうる最良の社会でないことは確かであるにもかかわらず、わたくしはわれわれ自身の自由世界がこれまでのところ、人類の歴史の進行中に存在した最良の社会であり」、それはたんに技術的進歩によるというのではなく「ギリシアと聖地とからキリスト教を介してわれわれのところに伝来したもろもろの基準と価値によるもの」であって、現代という時代においてとくに重要なのは「もろもろの観念とりわけ道徳的および宗教的観念の力である」という。それはたんにイデオロギーにとどまらず、物質資源の力と少なくとも同等に重要だと。いうまでもなく、名誉革命、アメリカ革命以後のわれわれの社会は「われわれ自身の個人的良心の相互の働きかけによって統治された『父なき社会』である」から、お互いの主張に耳を傾け互いに批判することによって、真理、真実により近づくことしかできないのだ、として改良的信条を主張した。

V　三つの世界

——相互に関わりあうもの——

三つの世界論

ポパーはマルクスの経済主義を批判した（一〇三ページ参照）。観念が経済的条件に一方的に依存するのではなく、両者のあいだには相互作用があるというのである。

観念の二つの世界

ところでここで観念というものをポパーは二つに区分する。一つは意識の状態または心理状態をさす（第二世界とよぶ）。もう一つは思考、とりわけ科学、詩的思考、芸術作品の、客観的内容の世界（第三世界）である。これら第二世界、第三世界にたいして、物理的対象または物理的状態の世界を第一世界とよぶ。われわれの主観的信念とその基礎とか起源に関心をもつものを信念哲学者 belief philosophers といい、デカルト、ロック、バークリー、ヒューム、カント、ラッセルをあげている。「これらの哲学に反対してわたくしは、われわれの問題はよりよき、またより大胆な理論を発見することであって、信念ではなく批判的選択が重要だと主張する。」第三世界の住人は、理論体系、問題、問題状況、批判的論議、雑誌、書物の内容などである。

伝統的認識論は「私は知る」とか「私は考える」といった主観的意味での（第二世界での）知識、思考を研究してきたとポパーはいう。しかし、科学的知識は第三世界に、客観的理論、客観的問題、

ジョン＝ロック

客観的議論の世界に属しているのであって、デカルト、ラッセルおよび現代の大かたの認識論は見当はずれであるという。知識は意識の状態あるいは行動ないし行為への性向といった主観的意味（第二世界）において存在するし、また問題、理論、議論といった客観的意味（第三世界）でも存在するのである。後者のばあい、認識者のいない知識であり、「認識主体なき」知識である。フレーゲの思考の内容をいう。

認識論にとって重要で有意義なものは、科学的問題と問題状況の、科学的討論の、批判的議論の、議論において証拠の演ずる役割の評価の研究などなのである。客観的知識の大幅に自律的な第三世界の研究が認識論において決定的な重要性をもつのである。第三世界を研究する客観主義的認識論は、主観的意識の第二世界を明らかにするが、逆は真ではない。

ポパーは、この客観主義的認識論を進化論によって擁護する。生物学者が動物を研究するとき、クモの巣だとかアリの巣あるいは森の中のけもの道といった動物たちがつくりだした生命のない構造に関心を向けることもあるし、あるいはそうしたものをつくりだす行動に注目することもある。構造そのものか、構造を生みだす営みか。ポパーは、前者がより基本的な関心のもち方であって、後者はある動物が何らかの仕方である構造をつくり出したというたんなる事実にすぎないという。こうしたことは、人間の活動の産物についてもいえる。家屋、道具、芸術作品さらには言語、科学にもいえる。そして構造問題と生産問題を区別しなければならないし、構造問題は生産問題より重要であり、構造問題は生産問題を理解するさい基本的であるという。構造の側からするアプローチを「客観的アプローチ」、「第三世界アプローチ」、科学的知識にたいする行動主義的、心理学的、社会学的アプローチを「主観主義的アプローチ」、「第二世界アプローチ」とポパーはよぶ。

主観主義的アプローチがとられる理由の一つは、本は読者がなければ何物でもないといった感覚に似ているのだが、ちょうど鳥の巣が住まわれなくなっても鳥の巣であるように、読者がいなくても本は本なのである。「書物そのものの、理論そのものの、問題状況そのものの、論証そのもののなどの、いわば一種のプラトン的第三世界が存在する。この世界は人間の創造によるものであると同時に自律的である。もっともこうした自律性はプラトンのイデアと違って絶対でもなく、完全でもなく、部分的である。新しい意図しなかった事実、新しい予期しなかった問題、新しい反証を生みだす可能性があるのである。第三世界は第二世界へ、そこから第一世界へとフィードバックする。これを図式化すると次のようになる。

反証の図式

問題1—→暫定的理論—→誤りを排除—→問題2

ポパーはウィーン大学時代、ビューラーの影響をうけたことは前にふれた（一八、一九ページ参照）。

ビューラーの言語の区分（児童の精神の発達に対応するものであったが）によると、上図のように(1)、(2)、(3)と分けられていた(4)はポパーが補足したもの）。

(1)はある有機体がその内部状態を外部に表す機能をもち、(2)は他の有機体に反応を誘発する機能があり、(3)は真理、つまり事実に合致する叙述をするという機能をもち、ここではじめて規制的観念が生じる。(4)は(3)を前提とする。(1)、(2)に関しては人間はその機能を動物と共通にもち、(3)、(4)は人間のみに特有な機能である。(4)は(3)に関するもので真理（あるいは真理らしさ）という見地から叙述を批判する機能をもつ。

「本来的には動物の世界にも、原始人の世界にもあてはまる図式、問題1→暫定的理論→誤りを排除→問題2　は(3)、(4)によって合理的討論による真理と内容の探求の図式となる。それはわれわれが困難な事態を自力でのりこえて進んでいく仕方を叙述している。それは進化的創発の、選択と合理的手段とをもってするわれわれの自己超越の合理的叙述でもある」。

(4)	argumentative	論証的機能
(3)	descriptive	叙述的機能
(2)	signalling	信号的機能
(1)	self-expressive	自己表出機能

ビューラーの言語区分

行動へのある種の生得的な性向およびそれの後天的修正からなる主観的知識（第二世界）と客観的知識、科学的知識（第三世界）とは峻別されねばならない、とポパーはいう。

第三世界の認識

伝統的認識論は、第二世界に関心をもち、この結果「この種の信念哲学者は科学者たちが自分たちの偽なる理論を批判し、その理論を殺すという決定的現象を説明できない。科学者たちは自分たちの偽なる理論を排除しようとつとめる。かれらは自分たちのかわりに理論を死なせようとつとめる。信念哲学者はかれらの誤った理論とともに滅びるのである」。

プラトンのイデアの世界は、第三世界である。そうした意味では、プラトンは第三世界の発見者であった。しかし、プラトンのイデアの世界は神的であり不変であった。ポパーの第三世界は、人間によってつくられたもの、変化するものである。「それは真なる理論のみでなく偽なる理論も、また未解決の問題、推測および反駁をふくんでいる。プラトンでは議論は第三世界にいたる道程なのだが、わたくしのばあいは、それは重要な住民なのである」とポパーはいう。またプラトンのイデアは事物の究極的説明を提供するものであり、第三世界の住人はかれのばあい、事物の本質であった。

ヘーゲルの理念（イデー）はどうか。ポパーによると、ヘーゲルのイデーあるいは絶対精神は、

最晩年のダーウィン

人間の生産物から成るが人間が創造的なのではない。人間を動かすのは実体化された客観精神であって、それは宇宙の神的な自己意識であって、個人は「理性の狡智」に動かされる道具なのである。「わたくしが第三世界の自律性とそのフィードバック効果とよんだものはヘーゲルでは全能なものとされる。わたくしは反対に個人の創造的要素、それにその作品とのあいだの相互作用、ギブ-アンド-テイクの関係こそもっとも重要なものと主張する」。ヘーゲルの弁証法とポパーの進化図式、問題1→暫定的理論→誤ちの除去→問題2 との違いは誤ちの除去があるかどうかである。正が反になり、合となるというのではなく、批判によって矛盾を探索し、除去する点にある。誤ちの除去が知識の客観的成長をもたらすのである。それは客観的な真理らしさの増大となり、絶対的真理への接近を可能とするのである。「ヘーゲルの矛盾は、精神が自己発展をとげていく仕組を与えるのであって、合理的批判はこのような自動運動にあってはいかなる役割も演じない」。第三世界の住人は人間の意識の産物ではあるが、主観的意味における思考とか意識的観念とはまったく異なっているのである。そして第三世界に属する知識の生長は反覆的あるいは集積的な過程ではなく、誤りの排除の過程であるから、それはラマルク的訓練ではなく、ダーウィン的淘汰だ、とポパーはいう。

客観的視点からの上述の認識論は、人間にのみ適用されるのではなく、より広く拡大することができる、とポパーはいう。動物そして植物でさえ問題解決をしている。動植物も競合的な暫定的解決と誤ちの排除の方法によって自分たちの問題を解決しているのである。それは理論の生物学的相似物となっているのであって、逆に理論は（ミツバチの巣のような身体外的産物や、クモの巣のような身体外的道具がそうであるように）、身体内的諸器官やそれらの機能に照応する。「理論と同じとように、諸器官やその機能は住む世界への暫定的適応である。新しい器官、その機能そしてまた新しい種類の行動はそれらの変化に手をかす第一世界に影響を及ぼす」。

自己超越

われわれ自身、主体とわれわれの努力の対象（増大していく客観的知識、第三世界）との関係もいま見てきたような見解によって新しく見なおされねばならない。

信念哲学者はというと、かれらは第三世界を第二世界の、つまりわれわれの心的状態の表現だとするのである（「認識論的表現主義」とポパーはよぶ）。自分の才能を作品の中に表現することがすべてであって、作家の心的または心理的状態にしたがって結果は良くもなれば悪くもなると認識論的表現主義はいうのだが、ポパーは第三世界の自律性をみとめ、したがって、第二世界↓第三世界とするのではなく、第三世界と第二世界とのやりとり（ギブ－アンド－テイク）を主張する。「生命、進化、知的成長についての信じがたい事実は、まさにこのやりとりの方法、われわれの行為とその結果とのあいだのこの相互作用であり、このことによってわれわれはたえずわれわれ自身を、われわれの能力、機能を超越していくのである」。このような自己超越は、人間以前の段階ではあまりはっきりしないが、すくなくとも人間的水準においては明白である。主観的知識の生長の過程は想像力にともむ批判の過程であって、「われわれに『所与』としてあるいは『習慣』としてあらわれるものの普遍性または構造的必然性を批判することによって、新しい状況――テスト状況、批判的状況――を見出し、構成し発明しようとつとめることによって、われわれはわれわれの局部的で一時的な環境を超えていくからである。」「こうして無知の泥沼から自力ではいあがるのだ。われわれは空中にロープを投げそれを登っていく。ロープがいかにあぶなかしいものであれ、なんらかの小枝をとらえるならば」。人間がアミーバと違うのは、この小枝が客観的知識、第三世界なのである。「『第二世界』は『第一世界』と『第三世界』とをむすぶ輪である。『第一世界』におけるわれわれのすべての行動は『第三世界』についての『第二世界』の把握のし方によって影響される。『第三世界』を理解することなしに心および人間の自我は理解しえないし、『第三世界』を『第二世界』のたんなる表現とし、あるいは『第二世界』を『第三世界』のたんなる反映として理解することはできないのである」。

三つの世界論をめぐって

ポパーは三つの世界について、一九六七年、「認識主体なき認識論」を、六八年、「客観的精神の理論について」を発表している。六八年論文で補足されているのは、「第三世界」理論がストア派によって確立されたことと「第三世界」理論の現代版としてコリングウッドを批判していることである。ストア派がいう「いわれたこと」lecton は、プラトンのイデアの世界を拡張したもので、たとえばプラトンでは第三世界の住人は7とか77といった普遍概念に限られているが、レクトンは7×11＝77（真命題）のみでなく、7×11＝66（偽命題）があり、また数学的命題でもないもの、理論もはいっている。「ストア派は『第三世界』をプラトンのイデアから理論、または命題に拡大しただけではない。かれらは宣言的言明に加えて、問題、論証、論証的探求さらには命令、警告、祈禱、協定および詩や物語をもふくめた」。

二つの三世界論

ところで三つの世界論をめぐって二つの見解があるとして、ポパーは、二つのグループをあげる。(1)プラトンのグループで、ここでは第三世界は第二世界、第一世界と隔絶されている。(2)ロック、ミル、ディルタイ、コリングウッドなどのグループで、ここでは第一世界と第二世界との合併領域のその一部として第三世界がとらえられている。「(2)のグループは永遠的真理などというものはリアルではありえないという。リアルなのは『真』という述語のわれわれの用法、すくなくともある文脈においてわれわれが『真』を時間から独立した述語として用いるという事実であると」。

これらの二つのグループにたいして、ポパーは主張する。「『第三世界』の実在性、自律性を認めると同時に『第三世界』が人間的活動の産物であると認めることは可能である」。第三世界は人工的で同時に超人間的である。第三世界はその作者を超越している。にもかかわらず、第三世界が虚構でなく、実際に存在することは第二世界を媒介にして第一世界に巨大な効果を及ぼすものであることは明らかなのだからという。

「理解」の二面性

これまでの説明からいえることは、「一般にはわれわれの理解の対象は『第三世界』に属するし、それらは心理学的用語で説明されるといわれているけれど、じっさいは『第三世界』に属する対象を理解することが中心問題なのである」。一八九一年『算術の哲学』で心理学的立場に立っていたフッサールは、一九〇〇～〇一年の『論理学研究』において一転して反心理主義に転じた。心理学にもとづいて哲学を基礎づけることは事実と価値を混同するものであるとし、さらに反自然主義を主張し「事象そのものへ」をスローガンに『厳密な学としての哲学』(一九一〇)をめざした。ポパーはしかし、フッサールにもなお心理主義が残存し、混乱

フッサール

をひきおこすもとになっているという。フッサールが本質直観を主張したからである。理解は主観的、個人的、心理学的な活動で、その成果とは区別されなければならない。このようなポパーの見解からは「解釈学」も批判される。「解釈は理解の主観的状態でもあり、また『第三世界』の、とくに理論でもありうる。こちらの方がわたくしには重要なのである」。すべての解釈は理論なのであって、他のすべての理論と同じように、第三世界対象に拠所（よりどころ）をもっているのである。

理解の主観的行為に関してポパーはつぎのテーゼを主張する。イ、理解のすべての主観的行為は第三世界に根をおろしている。ロ、このような主観的行為について下しうるほとんど重要な評言はその行為の第三世界への関係を指摘することである。ハ、そのような行為は主として第三世界の対象を操作することから成りたっている。われわれはそれらの第三世界の対象をあたかも物理的対象であるかのように操作する。

ポパーの右のテーゼにたいして、把握、理解の主観的、個人的活動（共感的理解、感情移入、追体験、他人の目的や問題をわがものとすることによって他人の状態にわが身をおく企て）なしには理解することはできないとふつうは信じているのである。一般的なこのような信念についてポパーは、問題解決の図式はここでもあてはまるのであって、問題1→暫定的理論→誤ちの除去→問題2の過程のなかで理論がその先行者より上回る経験内容をもつなら前進的であり、そうでないときは退行的なのであるが、こうした問題解決の活動は、第三世界でわれわれが行っていることをより明らかに分析しているのだ、とポパーはいう。理解は主観的な第二世界過程から成りたっているが、第三世界の対象をもってする操作と考えられるのであり、理解の過程での主観的感情、興奮とか失望とか満足といったものは第三世界の対象、構造の理解とはほとんど関係がないのである。

人文科学における「理　解」

人文科学における理解の問題は、自然科学でのそれと根本的に異なるのではないか。ディルタイの「解釈学」はこの問題にかかわっている。そしてコリングウッドの『歴史の観念』（一九四六）も同様である。人文科学の中心課題が人間を理解することにあることはいうまでもないが、ポパーによると、人間を理解することはできるが自然を理解することはできないという意味で理解するという点が問題なのである。ディルタイ、コリングウッドらの「解釈学」によると、理解とは身振りだとかスピーチといった表現的動作の助けをかりてする他の人間との本能的一体化であり、また人間的行為の、人間精神の産物の理解だという。たしかに、こうした理解は「自然」（太陽系、素粒子）の理解ではない。しかし、ここに、それほどシャープな区別はない、とポパーはいう。人間の理解と高等動物あるいは単細胞有機体の理解とには相通ずるものがあるのであって、「ジェニンクスは単細胞有機体に目的と意図を付与するにたるほどよくかれらを理解することを学んだ」といわれている。他方われわれは自分の友人についてさえ、かれについてのわれわれの直観的理解はきわめて不完全でもあるのだ。理解が人文科学の目的であるとしても、自然科学の目的であることを否定することについては単純にはうべなえないのである。

ポパーはいう。われわれの共有する人間性にもとづいてわれわれが他人を理解するように、われわれは自然の一部であるがゆえに自然を理解しうる。われわれが人間の思考と行動のある種の合理性によって人間を理解するように、われわれは自然の諸法則に内在するある種の合理性または理解可能な必然性のゆえに自然の諸法則を理解しうる。人文科学と同じように自然の世界を芸術作品として理解しうる。自然科学には人文科学者たちが大いに論じた理解の企ての究極的失敗の意識（他人の「他者性」に帰せられる自己了解の不可能性、ユニークでリアルなものを理解しようとする一切の企てに内在する過度の単純化）の不可避性がある。理解の方法を人文科学の特徴として、それによって自然科学から区別することに反対するのである。

このように区別しないことは「実証主義的」であり、「科学主義的」であると非難するひとはじつは実証主義が自然科学にふさわしい唯一の哲学であるとひそかに、無批判的にみとめているのであって、「実際にあるがままではなく、まちがって自然科学の方法とされているものを模倣しようとする何人かの専門的な、つまり観察を収集し、ついでそこから結論をひきだすという方法を模倣しようとする――歴史家を告発しなければならない」とポパーはいう。

コリングウッドへの批判

「歴史家がテオドシウスの法典を読んでおり、また一皇帝のある法令を前にしていると仮定する。たんにその言葉を読み、それを翻訳できるということだけではそれらの歴史的意義を認識したことにはならない。その歴史的意義を知るためには、その皇帝が対処しようとしていた状況を心に描かねばならないし、また皇帝が心に描いたごとくに心に描かねばならない。そのあとで皇帝の状況があたかも自分自身の状況であるかのように、いかにこのような状況に対処しうるかを自分で見出さねばならない。したがって歴史家は、皇帝がこの特定方針を決定するにいたった全過程を自分で経験しなければならない。かれは自分の心のなかで皇帝の経験を再演するのである。こうすることによってはじめて法令の意味のたんなる文献学的知識とは異なったなんらかの歴史的知識を歴史家は獲得するのである」（コリングウッド『歴史の観念』）。

コリングウッドのいう状況はポパーの問題状況に対応しているようにみえる。だが「コリングウッドにおいては、歴史の理解にとって本質的なことは状況そのものの分析なのではなく、歴史家の再演（追体験）の心理過程であり、経験の共感的反覆なのであって、かれにとっては状況の分析はこの再演のための補助として役立つにすぎない」とポパーは批判する。「わたくしは再演の心理学的過程を非本質的なものとみなす。ときとしてそれが歴史家にとって一つの助け、かれの状況的分

コリングウッド

析の成功の一種の直観的チェックとして役立つであろうことは認めるとしても、わたくしが本質的とみなすのは、再演ではなくて状況分析である。歴史家の状況の分析はかれの歴史的推測――ここでは皇帝の推理についての『メタ理論』――である。皇帝の推理とは異なったレベルのものであるから、それは皇帝の推理を再演するのではなく、非本質な要素を除去し、また状況を論証することによって、皇帝の推理の理想化され合理化された再構成をつくりあげようとするものなのである。」「歴史家がこのメタ問題を解決するのに成功する程度においてかれは歴史的状況を理解する。歴史家が再演するといっても再演される当の行為が歴史家の能力をこえることさえありえる。たとえばそれは耐えられぬ残酷な行為であったり、ずばぬけた英雄的行為であったり、あるいは卑劣、卑怯者の行為であるかもしれない。………いかなる美術史家もレンブラントたりえないのである」。

もっとも興味あるばあいに再演は歴史家にとって不可能であるのに、他のばあいには可能である。そのときはそれは皮相的であり、あまり歴史的に興味のないつまらないケースであるから、「歴史家の課題は、行為者の行為がその状況に適切になるように、行為者に映じたがままに問題状況を再構成すること」なのである。しかし、このことは第二世界を排除することになる、とポパーは批判する。

VI 自己

――「人間」その創造的なもの――

創出論

創造的な発生

ポパーのニュージーランド時代からの友人で、ノーベル賞受賞の脳生理学者エックレスと協力して出版した『自己とその脳』(一九七七)は、第一部をポパーが、第二部をエックレスが執筆し、第三部は一二回にわたって行われたふたりの対話となっている。この著書は、心身問題をとり扱ったものであるが、以下ポパーの所論を紹介しておこう。いわゆる「心身問題」というのは、一方において脳の構造とそのプロセスがあり、他方に精神の性向とその出来事があり、双方がどうかかわるかという問題である。カントは『実践理性批判』の結びにおいていう。「ここに二つの物がある。それはわれわれがその物を思念すること長くかつしばしばなるにつれて、つねにいや増す新たな感嘆と畏敬の念とをもってわれわれの心を余すところなく充足する。すなわち私の上なる星をちりばめた空と私のうちなる道徳的法則である」と(波多野・宮本・篠田訳)。カントは物理的宇宙と宇宙における人間の地位について語っているのである。前者は宇宙の一部分である人間の重要性を否定するものであり、後者は知性的責任者としての人間の地位を高める。人間はおきかえることができないものであり、楽しみ、苦しみ、死におそわれ、死に自覚的に立ち向かう自己目的としての自己であるが、他面、宇宙の一部としての物質でもある。一八世紀、フランスの百科全書派のド＝ラ＝メトリは、『人間機械論』（一七四七）で、人間ロボット論を展開した（ロボットはカレル＝チャペックの造語）。「第二次大戦後の今日、人間は目的自体であって機械ではないということをあらためて確認しなければならない」とポパーはいう。ところで人間機械論は、(1)、精神的な出来事、個人的な経験、意識を否定するものと、(2)、(1)を認めるものの精神を物理的世界の随伴現象とするものとがある。

しかし物理的世界像には唯物論としては二つの流れがあり、(イ)パルメニデス（物質の連続性）以来、ファラディ、マクスウェル、リーマン、アインシュタイン、シュレージンガーとつながっていくものと、(ロ)ロイキッポス、デモクリトス、エピクロス、ルクレティウスらの原子論から量子論につながるものとがあるが、ポパーは物質の実体論から過程論へ移行していったという。一方、汎心論は「無からは何も生じない」というように変化は不可能であるという点では唯物論の(イ)、(ロ)と同じである。ポパーは、これとは反対に宇宙は創造的だという。創造的というのは予知できないものが発生するということであって、地球上の生命の発生にせよ、さまざまな種、とくに人間の発生は創造的だという（モノー『偶然と必然』一九七〇）。ポパーのいう第一世界から第二世界へ、さらに第三世界への移行は、宇宙の発展段階でもあるのだと主張する。これにたいして、還元主義は高次のものをすべて物質の分子構造に還元できると主張する。

J. C. エックレス

創出論への反論

たしかに地球上での生命の発生は、物理法則に違反しないで発生したであろう。しかしこの新しい生命の発生とともに、たとえ低次の段階においてであろうと、問題解決が生じ、より高次になるにしたがって目的が意識的になり、精神の重要な所産である言語の発生は逆に言語と精神との相互作用をひきおこす。生物においても高等な生物は、自由に処理しうるレパートリーをもっていて新しい行動形態を獲得することによって環境をかえる、新しい落ちつき場所をつくる、そして解剖学的適応をひきおこすのである。どちらが原因でどちらが結果であるかは問題ではない。

ところが「太陽の下、新しきものなし」という還元主義は、ポパーによると、下降因果論なのである。進化論 evolution は字義的にはすでにあるものが展開するという意味をもっており、下降原因論でもあった。すくなくとも秘められていたのである。

創出論にたいするもう一つの反論がある。ラプラスの決定論によると、「宇宙の現状は先行状態の結果であり、また後続状態の原因であると考えねばならない。自然を動かすすべての力を知っている神を考えよ」(「確率についての哲学試論」一八一九)という。主観的で不十分な知識しかもたないわれわれにとっては創出であっても、神にとっては創出ではないとラプラスは主張する。

また創出論のいう新奇性というのは配列の新しさ、豊かさにすぎないとか、あるいは可能性と適切な条件から新しい創出が考えられるといった批判がある。ポパーはこうした批判はどれも古典物理学とその決定論的性格にもとづいているという。いま機械的、決定論的パラダイムである時計と、予知できず非決定論的パラダイムとしての雲とを事例としていうなら、「すべては時計の物理システム」であって、雲もその一部分である」という見解から、「すべての時計をふくめた物理システムは雲である」という見解に転換させねばならない、とポパーはいう。

きわめて平凡なありふれた例をあげれば、虫歯というのは物理的、化学的プロセスであって、苦痛を感じて歯科医の家についての知識をもっているので歯科医のところへいく。あるいは登山家が疲労をしても頂上にたどりつきたいという希望から登っていく。車を運転しているひとが赤信号でブレーキをかける。こうしたことは心的状態（知識を含めた）が実在しているということで、ポパーのいう第二世界を裏づけるものであるのだが、それにもかかわらず哲学者は否定する。あるいは第二世界をみとめても第一世界との相互作用が否定されてしまう。「心身問題」、心理・物理問題がここにある。

「心身問題」の位置づけ　エックレスは相互作用をみとめ、それが脳で行われるので、心身問題は脳と心の結びつきを記述する問題だとするのだが、ポパーは三つの世界説から説明する。

第三世界は物語、神話、科学理論、芸術作品などのように、執筆され、記録され、文献化され、作品化されて第一世界の形で存在しているが、内容からいえばあくまでも第三世界として実在しているのである。この世界を行動主義の主張するように、たんに行動のみをとりあげ理論、言語活動を脱落させてしまうことはできない。研究および批判の対象としての問題、理論をみとめないのなら、科学者の行動は理解しがたいものになるであろう。理論は人間の思考の産物であり、人間によって産みだされたものでありながら独自の自律性をもっている。第三世界は第一世界に具体化されている。しかしそのうちのあるものは記憶として第二世界としても存在するし、人間の頭脳の記憶痕跡として第一世界でもある（もっともこのばあいはそのひとともに消滅してしまうが）。前にのべたように第三世界はプラトンのイデアの世界に類似しているが、ポパーのばあい、あくまでも人間によって産出されたものであり、知的直観によってとらえられるものではなく、誤ちを犯しうる能動的なプロセスなのである。

われわれの脳でさえ受動的に外界の印象を入力するというのではなく、コード化された入力を能動的に解釈するものであって、能動的に参加するもの、仮説による問題解決をめざすものなのである。感覚は手あたりしだいの写真ではなく、絵を画くことにも似ており、いわば暗号解読のようなものなのである。「外界に調子をあわせる前につくるのである」（ゴンブリッチ）。われわれには遺伝的に生まれつきもっている好奇心と探索本能があり、このことによって能動的にわれわれの物理的、社会的環境を探索するのである。知覚の領域においては、ノーマルな条件のもとでは誤ちのない無意識の暗号解読をするし、文化的な領域では、まず話すこと、ついで読むことそして科学や芸術を理解するにいたる。かんたんなメッセージのばあい、言語、読解は視覚と同じくらい無意識な解読プロセスである。記述的、論証的言語を学習する能力には遺伝的な基礎があって、これはとりわけ人間固有のものである。物質的な遺伝的基礎が自己超越するのである。そして、それは文化的学習の、文明への参加の、第三世界の伝統への参加の基礎となる。第三世界の対象は、抽象的であるけれど、人間（ここでは第二世界）を媒介にして第一世界を変える強力な武器となる。第二世界と第三世界は相互に作用する。作る人間が作られたものによって変わり、変化した人間がさらに新しい作品をつくるのである。第二世界と第一世界も相互に作用する。ここでの問題が心身問題なのである。言語はポパーによると、自然淘汰によって進化した遺伝的枠組であってそれは自然的プロセスであるが、特定の言語を習得するということは文化的プロセスだという。言語は非物質的でありながら、一面では物質的な形や音であらわれる。行動主義はある特定の言語の「話者」について語るが、言語についていては語っていないのである。

話すことは言語のたいへん重要な要素ではあるが、話すことも、聞くことも、見ることもできないヘレン＝ケラーは、話すことの代替物を習得した。彼女の言語は書かれた英語と一対一の対応をしている。彼女の無意識の要求は言語一般に向けられていた。言語こそ第三世界の重要な対象なのである。「われ思う。ゆえにわれあり」（デカルト）の前提には言語がある、とポパーはいう。

唯物論批判

心身問題を三つの世界論で位置づけ、次にポパーは唯物論を批判する。

ポパーは四つの唯物論、物理主義を次のように分類する。

①ラディカルな唯物論、物理主義、あるいはラディカルな行動主義
②汎心論
③随伴現象説
④同一説

閉ざされた第一世界

①〜④に共通している原則は、第一世界が「閉ざされている」ということで、第一世界のみが存在し、第二世界・第三世界は存在するとしても第一世界には影響を及ぼさないという原則がある。①は意識だとか精神のプロセスは存在しないと主張する。唯物論でこの立場に立つひとはあまりいない。ギリシアの唯物論者からホッブズ、ド＝ラ＝メトリ、マルクス、レーニンにいたるまで①を主張しているのではない。というのもわれわれにとって疑いえない事実、たとえば苦痛といった主観的なものを無視できないからだ。にもかかわらず、①にはなおざりにできない面があるのであ

る。というのもこの立場は自己整合的であってひじょうに単純な答（物だけで心はないという）をだしているからである（ライル『心の概念』一九四九、クワイン『ことばと物』一九六〇など）。もっとも逆にバークリーやマッハのような観念論についてもこのことはいえるのだが。「意識の存在」を否定することによって①は宇宙論を単純化するのである。

②、③、④は第二世界を認めるが、第一世界の閉鎖性の原則を固持する。②はソクラテス以前のギリシアの哲学者からカンパネラ（一五六八～一六三九）、スピノザ（一六三二～七七）の『エチカ』、ライプニッツ（一六四六～一七一九）の『単子論』につながるもので、②によると、すべての物質は内部に意識に似た質をもっている。あるいは卵殻の外面と内面のように平行しているという。物質―大きな分子―生物―高等動物のそれぞれの段階で、外面と内面とがあって、物質のばあいは原・心理的であって高等動物の意識の先駆けとなっていると。したがって、宇宙は均質的、一元的で「天の下新しきものなし」と主張するのである。

③は②の汎心論から汎をとって、心理、意識を高等動物に限定し、ここで心理プロセスが物理プロセスに平行するという。③では平行説をとらないものもいる。外面の出来事には因果関係があるが、内面にはないというものである。

④は②、③の変形で③と同じく汎をとりのぞく。しかし、心理的事実を重要視し因果的効果をもつものとし、心理プロセスと脳との同一性を主張するのである。ちょうど金星（ヴィーナス）が宵

の明星、暁の明星と二様によばれるように、心理プロセスは、親しく内面から知られるものであるのにたいして、脳についての理論は外面から同じものを記述しているのだと主張する（シュリック、ファイグル）。

ラディカルな唯物論への反駁　前述したように、歯痛のために歯科医のところへいくという行動をもう一度見てみよう。ここには物理的状態（第一世界）、歯痛（第二世界）、制度（第三世界）がふくまれている。①の解釈によると、歯のプロセスが神経システムになり歯科医に電話するという言語行動も第一世界に限定されているのである。②のばあいは、①と同じような物理的プロセスがある。しかし言語行動、われわれの経験する内面的な部分がある。もっともこの部分は物理的プロセスとパラレルであるという。③も①と同じ。ただし生きたものにのみ内面があるが、感じられた歯痛は重要な役割を果たさない。それはわたくしの行為の動機づけとはならないのである。④は①と同じ点があるが、このばあいは、ポパーのいう第一世界が一つは純粋に物理的なもの、もう一つは心理的なものとに分割され、両者は相互に作用する。そして後者はポパーの第二世界である。ただし④には、抽象的知識内容は存在しないのであるから、「電話をかける」という純粋に物理的なもののみになってしまうのである。

「唯物論は第二世界を脳のプロセスとし、第三世界を『心のなかの観念』としたり、よりラディカルな論者は『脳にもとづいた言語行動への傾向性』とするが、このような立場からは理論の内容とかその客観的論理的関係といった『第三世界』を十分に説明できないのではないか」とポパーは批判するのである。

われわれは、まえにポパーがビューラーの言語の発達についての図式を援用したことを見てきた（一一三ページ参照）。

<table>
<tr><td>(4)</td><td>論証的機能</td><td>価値
妥当性</td><td rowspan="2">人間</td></tr>
<tr><td>(3)</td><td>叙述的機能</td><td>真偽性</td></tr>
<tr><td>(2)</td><td>信号的機能</td><td>効果性</td><td>動物</td></tr>
<tr><td>(1)</td><td>自己表出機能</td><td>表出性</td><td>植物</td></tr>
</table>

ビューラーの言語区分②

(4)はビューラーの図式にポパーが加えたもので、高次のものは低次のものをふくむ。人間は(4)、(3)、(2)、(1)の機能すべてをもち、動物は(2)、(1)の機能を、植物は(1)の機能のみをもつ。物理主義者、行動主義者は(1)、(2)のみに限定して考えているのだ、とポパーはいうのである。「もしすべての言語がたんにかれらのいうようなものとして考えられるなら動物と異なった人間の言語に特徴とされるものが無視されてしまうであろう」。ラディカルな唯物論が自己の理論を展開するさい、それは(3)、(4)のレベルで論じるのであるから、(1)、(2)のみで説明することは自己矛盾だ、とポパーはいう。

「宇宙論の最大の謎は、ビッグ-バンではなく、宇宙が創造的なことであり、生命、意識の創出なのである。」主観的経験の性格が明らかな事例として、ポパーはデンマークの実験心理学者ルビンを援用している。

次ページの図1でAG＝GFと見るひとに、図2、図3においても果たして等しいと見えるであろうか。図を見るさいに心的活動があるのである。このことは行動主義で説明しにくい。

また、図4を見てみよう。図はアメリカ‐インディアンの横顔であり、またエスキモーを背後から見たものでもある（ゴンブリッチ『幻影と芸術』一九七三より）。アメリカ‐インディアンと見たり、エスキモーと見たりするのである。

イギリスの脳外科医ペンフィールドのてんかん患者は皮質の刺激で視覚、聴覚経験を追体験している。「手術台の上の若い南アの患者は、南アの従弟と談笑した。しかもかれはモントリオールの手術室にいることを意識していたのだ」。

汎心論と随伴現象論

(2)の汎心論に立つスピノザでは、物質と精神とは一つの物自体（自然＝神）の外面と内面であった。現代における汎心論者として、ポパーはC・H・ウォディントン、B・レンシをあげ、汎心論を次のように批判する。心理的プロセスに先行する前心理的なものが存在するという仮定は、幼児の食べるものが前心理的というのに似ていて、たいへん奇妙な仮定である。汎心論は有機体でないものが有機的なものより貧弱な精神をもっていると考えるから、新しいものの発生、創出を説明できない。無意識の記憶といったものがあるかもしれないが、記憶のない意識など存在しないと。

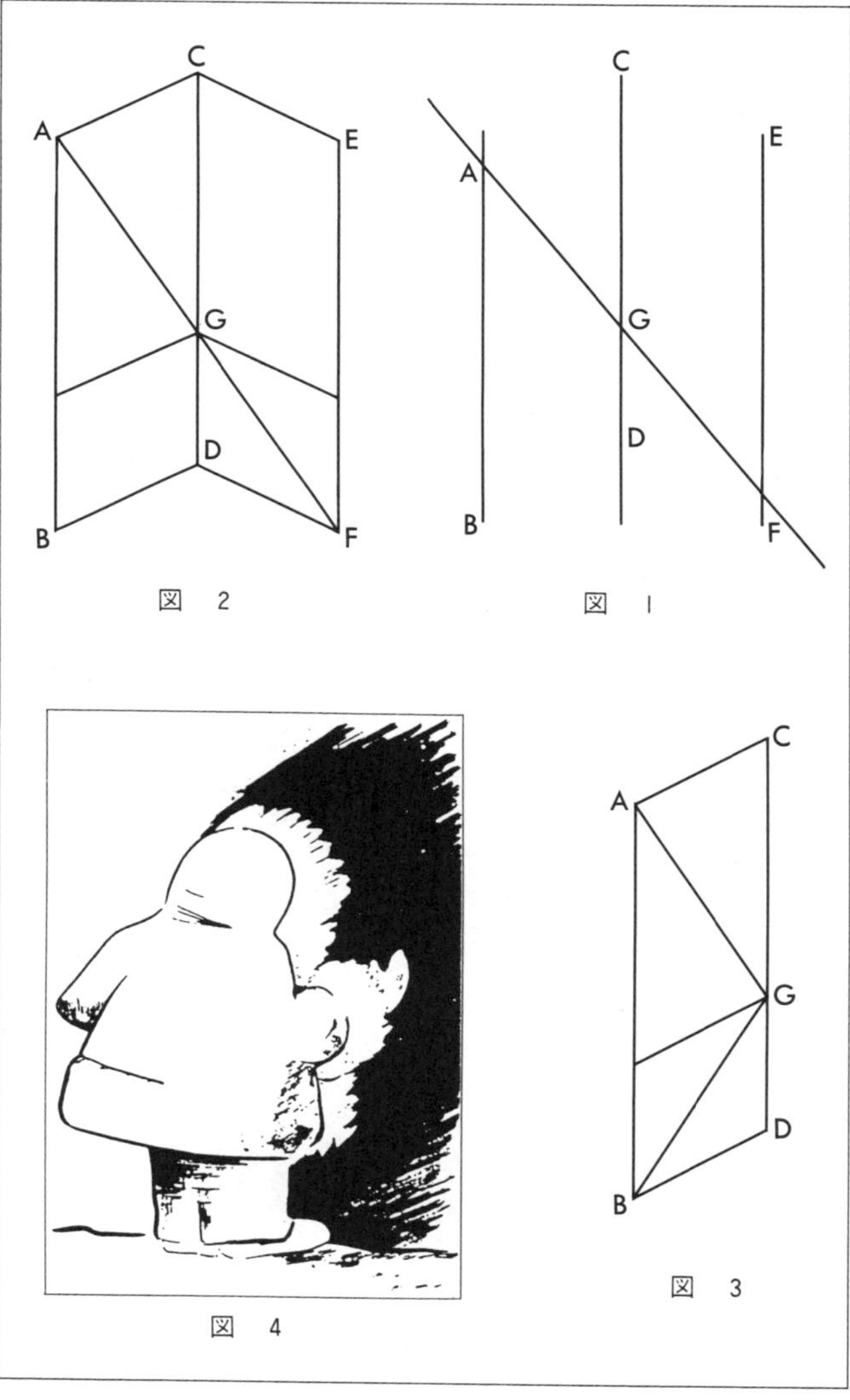

図 2

図 1

図 4

図 3

(3)の随伴現象論は、汎心論と違って物理的プロセスが心理的な面をもつことを否定する。意識状態は物自体（物質そのもの）ではないという。随伴現象論は、平行論とむすびつくかあるいは物質から精神への一方的作用ということになる。一方的作用はニュートンの法則と矛盾する。平行論はどうであろうか。

T・ハックスリーは平行論に立っていう。「意識は身体のメカニズムの産物であるかのような関係をもっている。ちょうど機関車の働きにともなう蒸気の音のように、メカニズムの働きをかえないで」（『方法と結果』一八九八）という。意識、さらにより一般的には心理プロセスは、自然淘汰による進化の産物と考えねばならないのに、ダーウィン主義者であるハックスリーが進化論と矛盾した平行論をのべているのである。「随伴現象論は『第二世界』をみとめるのだがその生物学的機能を否定している。したがって『第二世界』の進化を説明できない。またそれとともに、きわめて明白で重要な事実『第二世界』（及び『第三世界』）の進化の『第一世界』へのインパクトを否定せざるをえない。」そして、ここでも随伴現象を論証することは随伴現象論の自殺行為につながるのである。「すべては必然的に生起するというひとは、すべてが必ずしも必然的に生起するものではないというひとを批判できない。というのも、そういうひとの発言は必然的に生じたのだから」とエピクロスはいう。

説明のつかない側面

(4)スピノザは『エチカ』でいう。「観念の秩序および連結と同一である」(第二部、定理七)。また逆に「物の秩序および連結は観念の秩序および連結と同一である」(定理六)。これは同一説である。平行論が距離ゼロのとき同一説になるように、スピノザでは平行論に同一説がまぎれこむのである。現代の同一論はヘルベルト＝ファイグルにみられる(『心理的なものと物理的なもの』一九六七)。ファイグルは心理プロセス(カント的にいうと物自体)の実在性を主張するのであるが、かれのいう心理プロセスは、脳のなかで生起する物理プロセスの一部と同一なのである。われわれが熟知によって知っている心理プロセスは、記述による知識で知ろうとするばあいには、物質的な脳のプロセスとなるというのである。

ポパーは同一説をつぎのように定式化する。第一世界はpとmとで構成されている。pとmとは相互に排除する。mは第二世界である。pとmとは第一世界の部分であるから、その相互作用についてはなんら問題がなく物理法則に従う。mは第二世界であるから、心理プロセスは実在的であり、pと相互に作用する。したがって第二世界は随伴現象ではなく実在的である。ダーウィン的見地と第二世界についての随伴現象論とは矛盾しない。mと第二世界との関係は

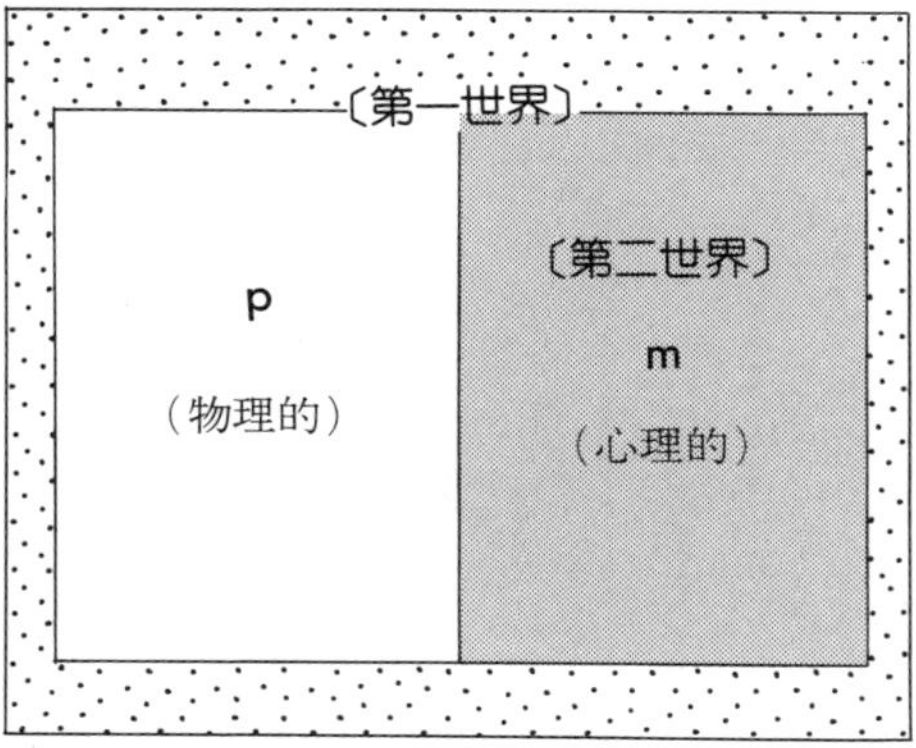

〔第一世界〕

p

(物理的)

〔第二世界〕

m

(心理的)

同一説の定式化

いわば水蒸気の塊が外からみればその表面は白く光ってみえるけれど、内からは半透明に見えるのと似ている。

これにたいしてポパーはファイグルの同一説の問題点を指摘する。ファイグルは第二世界についての創出的進化の仮説をしていないというが、pからの創出がない前にはmはないと仮定しているのである。同一説は第一世界の閉鎖性という物理主義をいぜんとして固執しているのである。ファイグルは、心理プロセスの実在性を正当にも強調するが、カントの物自体とすることによって、物理主義者であるよりも精神主義者であるようにとられ、整合性を失っているように思われると。

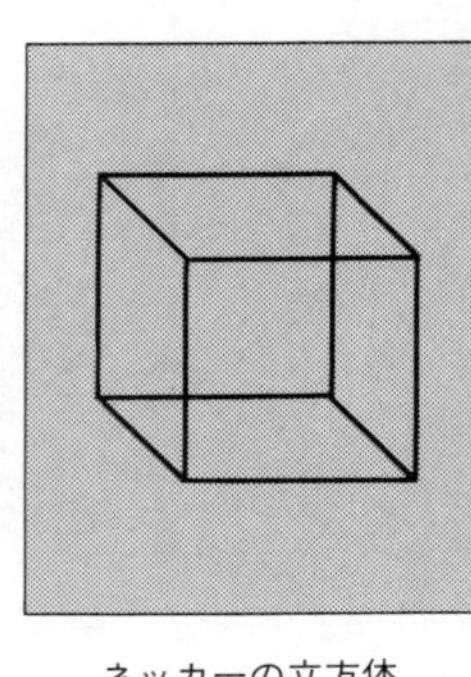

ネッカーの立方体

同一説は心身問題に関して整合的であることをポパーは認めるのであるが、ダーウィニズムをふくむ唯物論と同一説がいっしょになると矛盾をきたすというのである。ファイグルのばあい、mは第二世界であった。そしてpとmとは、相互作用をするのであるから第一世界と第二世界は相互作用をする。したがって同一説は随伴現象説より相互作用に近くなる。同一説は純粋に物理主義で第一世界の閉鎖性を原則としている。したがって、記述知識による厳密に物理的な因果的説明をし、ことによるとmの創出をみとめるかも知れない。「しかしmの特質はそれが心理プロセスから成立しており、心理プロセスと密接に結合しているということは説明できないのではないか」。

これとは別に、自然淘汰のもとで発生する新奇性は、第一世界で説明されなければならないのであるが、第二世界の閉鎖性の原則に立つひとは、わたくしが歯医者へいくことを物理用語で説明しなければならないのである。同一説は閉ざされた物理的世界に新しい側面をつけ加えたが、この新しい側面が第一世界でいかに有効に働くかを説明できなかった。同一説は平行説と同じように第一世界の閉鎖性原則に立つかぎり同じ舟のなかにいるのである。

意識プロセスの存在　ところで同一説は平行説の一種であるが、一般に平行説の経験的背景としてのべられているのは、イギリス経験論の伝統をうけついでいる心理的出来事の原子論である。ここでは意識は要素的観念の系列と考えられている。そしてそれぞれの心理的出来事には脳の一定の出来事が一対一の対応をなしているというのである（心身平行論、心理・物理平行論）。

いまわたくしが赤い花を見、ついで目をとじ、またその花を見る。同じ花を見るのである。二度目の知覚ははじめの知覚のくりかえしで、そのくりかえしは時間的に異なった網膜の脳のプロセスの類似性によると説明される。これにたいしてポパーはいう。たしかに同一のものを二度見た。しかし、それは「これは前のと同じ花だ」というわたくしの仮定、推測によるのだと。脳の機能はときには刻々と変化しもするのである。たとえばわれわれがネッカーの立方体を見るばあいにおこるゲシタルト転換のように。それにもかかわらず、固定化しようとしてつくられた判断、推測があるのだ。そもそも前にはなかったくりかえしを経験したのである。同じことは反射（条件）についてもいえる。刺激——反応、入力——出力の一対一対応なぞないのである。そうではなく、意識は多くの生物学的に有用な機能をもっているという事実から出発しなければならない、とポパーはいう。たとえば麻酔からさめたとき、ひとは「ぼくはどこにいるのだろう」と思う。意識の重要な機能は、直接的な環境にかかわるかぎりのある種の図式、モデル、地図をつくることによって所在の軌道をたどることなのである。ふつうの状態ではぼんやりした傾向性（プログラム）といった形で存在しているのではあるが。しかしそれは世界についての推測的理論の一つでもある。知覚は脳の補助器官であって適切なモデルをつくる手助けとなるものである。運航システムの補助なのだ。「飢えた動物は環境を食べられるものと食べられないものとに二分する。逃げる動物は逃げ道とそうでない道とに分ける」（カッツ）。一般的にいえば、動物は問題状況にしたがってそれに関係したものをみとめる。そして問題状況は外的状態のみでなく内的状態にも依存する。

人間のばあいは、個人の目的と意識的決断にかかわるのである。先の知覚の例にもどるなら、第一の知覚と第二の知覚とのあいだにプログラムの変更がなかったということである。

ポパーは、ダーヴィニズムの視点に立って進化した意識が存在することをみとめるなら、相互作用説にならざるをえないだろう、という。相互作用説によれば、脳の活動は心理プロセスの必要条件である。その意味で、それは心理プロセスの原因であり、心理プロセスに作用する。脳のプロセスはたえず働いているので、相互作用をいわゆる同一説と、経験的に区別することはむずかしい。「ダーウィンの理論と、意識プロセスが存在するという事実とを結びつけて物理主義をこえていこうとするのである。」

「自己」となること

ているものといったニュアンスがある。ドイツ語の Seele は soul にあたるが、意味は mind に近い。ポパーが『自己とその脳』でとりあげているのは心（mind, Seele）であって、第一世界の脳に優越する自己（第二世界）を証明することであった。自己―脳問題である。われわれは、たんに生きているということを知っているだけでなく、自己であることを知っている。睡眠、昏睡、無意識などによる中断にもかかわらず、自己の同一性を知っている。この自己の同一性は、身体の同一性とも関係しているが、わたくしはまず自己が存在することを確信しているのである。このことはあたりまえのことのようであるが、必ずしもそうではない。たとえば、ヒュームは自己の同一性を疑ったのである。ヒュームによると、すべての知識は感覚経験の結果であった。印象およびここからえられる観念以外のことは知ることができない。したがって自己の観念といったものをわれわれはもちえないし、自己は存在しえないという。「けだし自我観念はどんな印象からくるか。この疑問は明らかな矛盾と不合理とに陥らないかぎり答えることは不可能である。……およそ一切

ヒュームの矛盾

英語の mind と soul はすこし意味を異にしており、soul には死後も生きのこっ

の真実な観念をおこすものはある一つの印象でなければならない。しかるに自我ないし人格はある一つの印象でなく、若干の印象および観念が指示すると仮定されるものである。またもし自我観念をおこすなんらかの印象があるとすればこの印象は人間の全生涯を通じて変わらず同じでありつづけなければならない。しかし恒常的かつ不変の印象はない」（『人性論』第一篇、第四部、第六節「人格の同一性について」大槻春彦訳）。

ところで、ヒュームはべつのところでいう。「われわれ自身の観念、いや、むしろ印象はつねにわれわれに親しく現れている。われわれの意識はわれわれの人格についてきわめて生き生きとした概念をあたえ、これにまさるものがありうると想像することができないほどである」（第二篇、第一部、第一一節）。これは明らかに前の引用文と矛盾している。「異なったひとにはそれぞれ特有の性格がある。こうした性格の知識はそうした性格からでる行動のうちにみられる斉一性の観察にもとづく」（第二篇、第三部、第一節）。一般にはヒュームは自我を経験の束、総和としてとらえていたといわれている。いいかえれば、自我を実体としてとらえることを拒否したと。にもかかわらず、行為、経験が人格（ひとの性格）からたえず流れでる、とヒュームはしばしば語っているのだ。

自己の擬本質性とその認識

たしかに自我、自己を実体化すれば、その属性をということになり、本質主義になってしまう。ポパーはこうした「実体的自我」は無用であるとして、

「われわれ」の経験という。自己を自覚しているということに関して重要なのは記憶である。完全に記憶を失った状態は自己の状態とはいえないであろう（記憶をとりもどすかもしれないということを除外して）。そして思いだすこと、さらに思いだす能力は、現実的に思いだすことよりも重要である。われわれはいつもかつての自己を思いだしているのではない。過去よりも未来を準備して行動しているのである。ライルは『心の概念』（一九四九）で、物と心との「二世界論」は神話だという。「三世界論」（ポパーの）はもっと悪いというのかも知れない。物理主義者でないライルが心は「機械の中の幽霊」ではないというとき、かれは何を否定しようとしたのだろうか。デカルトの実体としての精神を否定しているように見える。ポパーはこの点ではライルに同調する。しかしライルは、船（身体）のパイロットとしての精神を否定しているのである。かれは主観的な意識経験を否定して行動傾向性でおきかえ、そうした意味では行動主義の立場に立っているのである。ポパーはこの点でライルと意見を異にしている。これまで見てきたように、ポパーは本質主義に反対し名目論をとってきたのであるが、「（自己については）わたくしは自己の擬本質的（本質めいた）性質といったものを信ずる。自己はふつう性格とかパーソナリティといわれるものと結びついている。それは変化する。それは一部は人格の物理的タイプに、また一部は知的創造性、その発達に依存する。われわれは実体というよりもむしろ心理・物理プロセスなのである」。したがってポパーは、「機械のなかの幽霊を信じている」。

ポパーはライルと意見を異にする点として、「自己認識」と「自己観察」をあげ、『心の概念』の内観（『心の概念』第六章）を批判する。ライルがヴュルツブルク学派以前の、あるいはゲシタルト心理学以前の内省心理学を対象としていること、そして自ら自己観察を行っているが成功していないという。ポパー自身は内省だとか直観の役割をみとめるのである。もっとも批判的方法、言語（記号）を媒介とした直観なのではあるが。

脳のレベルでわたされたものと解釈とはいちおう区別して考えられねばならない。解釈には能動的な努力が要求されるからである。「エスキモー」を見るときのように（一四六ページ参照）。

学習して自己となれ！

「われわれは自己として生まれてきたのではなく、自己であることを学ばねばならないということは、重要なことのように思われる。事実われわれは、自己たるべく学ばねばならないのである」。自己を知ることは自己を観察することからはじまるのではない、とポパーはいう。自己を観察せよ！　ここからえられるものはきわめて貧弱なものでしかない。ひとは自分のことについては甘い見方しかできないという理由からではない。自己観察から自己認識へというのは問題のだし方が悪いのだ、とポパーはいうのである。

幼児は他者（とくに親）を知っている。両親の顔だとか、まわりのひとの顔だとかにかれは生まれつきの関心をもっており、図式表象をもっている。そうしたかれの意識は他者を媒介にして形成される。かれはまた物活論の世界に生きている。これは物の受動性によってやがて否定されるようになる。かれは名前をつけられ、名前でよばれる。このこと自身第三世界の性格をもっているのであるが。かれはまたさまざまなコトバをおぼえる。自己になるためには、多くのことが学習されねばならない。「とくに時間の感覚——過去にのび（少なくともきのうの）、未来へひろがる（少なくともあすの）——をもつことを。しかしこのことは理論の初歩形態としての期待をふくんでいる。原初的な空間と時間の理論的位置づけなしに自己を考えることはできない」。こうした意味では、ポパーは「経験に先立つ」アプリオリなカントの純粋自我には反対する。生具の素質とか経験（とくに社会的な）の結果として自己は形成される。「社会は個人が見、かつ自己の性格、自己の感情、行為のメリット、デメリットを、またかれの精神の美と醜とを考えることができるようにする鏡である。」「ひとがひとりで仲間とのコミュニケーションなしに成人したら、かれは自己になれないであろう」（A・スミス『道徳情操論』一七五九）。ミードも同様である（G・ミード『精神・自己・社会』一九三四）。エックレスの報告（活発な子猫とそうでない子猫の実験）、ローザンツワイク（経験に反応する脳の変化）、ファーチミンらの実験（「豊かな環境との直接的な接触は鼠の脳の重さを増大させる」）などからも確認できるのである。

ポパーはロックが人格の同一性を生物学的アプローチによって説明している（『人間知性論』第二巻、第二七章）のは、以後の思想家が個体的、精神的実体を主張したのと対照的であったと評価する。たとえばダイヤモンドのような「閉ざされたシステム」にたいして、生物は「開かれたシステム」であり、物質代謝をし、物質の変化をうけながらも同一性をたもつシステム、さらに個体の生きのこりのために、生まれつきくみこまれた本能をともなった生物の進化、この過程での意識、理性といった進化のなかでの個体化として考慮さるべきだ、とポパーはいう。

自己の統一性

「人格とは異なった時にでも自己の量的同一性を意識しているあるものである」（カント『純粋理性批判』）。「人格とはその行為に責任をもつ主体である」（同、『道徳形而上学』）。カントのいう意味では、幼児は人格とはいえない。幼児は発達しつつある身体ではあっても、まだ人格とはいえないであろう。しかし時間的には身体は精神に先行する。身体はやがて人格になるものである。

精神のパイロット論　自己の同一性には身体的な基礎がある。ストローソンは、身体とか精神とか区別すべきではなく、統合された人格として考えねばならないという（『個体』一九五九）。そして統合された人格の一部分としての物理的部分（たとえば体重）、部分的に人格的な部分（笑っているといった）、全面的に人格的な部分（一生懸命考えているといった）というように理解されるべきだという。人格の重要な部分である精神については、ヒュームのように印象の総和としたり、ジェームスのように意識の流れとするなどの見解があるが、ポパーはプラトンに同調して（『ティマイオス』四四d七三d）「パイロット」という。たとえば脳の完全な移植は精神の移植ということになるのであろうか。この推測が正しいなら、ストローソンの説はとれなくなる。しかし、こうした推測は身体の同一性と人格の自己同一性とが脳の同一性と結びつけられていると考えているのであるから、この想定そのものの検討をぬきにしては解答をだすことができないのである。脳の働きと経験とのあいだに一対一の対応があるとしても、対応のない事例がたくさんあって、ちょうど語系列の理解とセンテンスの理解が違うように（むずかしいセンテンスはくりかえし読む）、経験には脳の働きのみに還元できないユニークさがある、とポパーはいう。エックレスは自己の同一性の問題のほかに、自己の統一性の問題があることを指摘した。自己は「純粋な自我」といったものではなく、ひじょうに複雑なものであり、パイロットのように観察と行動を同時に行うものであり、「それは行動し、難行し、過去をよびもどし未来を計画しプログラムをつくる。期待し処理しながら。そこにはつぎつぎに、あるいは瞬時に、希望、計画、行為への決断、そして行動している自己の意識、行為のセンターがあるのだ」。パイロットの行動、行為には当然他者との関わり（第二世界）、そしてさまざまな知識（第三世界）が前提されている。

意識と無意識の性向

ポパーは『自己とその脳』の第三四章で、「知識および知性への生物学的アプローチ」をしている。知識を外界への適応の進化の結果としてとらえようとするのである。

学習による適応というのは環境のなかで新しく発生した、あるいは新しく選ばれた、または不安定な側面への適応ということで個々の生物体によって習得されたもので、この基礎には生物体の遺伝がある。こうした点から考えると、古典的経験哲学のように精神を白紙（タブラ-ラサ）とし「知性には感覚を通してはいってこなかったものは何もない」とするのは正しくない。生涯を通じて感覚器官からえられる情報量は遺伝されたものに比べるとわずかなものにすぎないからである。意識と無意識の問題も意識の生物学的機能の問題として、とくに人間のばあい重要な問題であるが、新しい第三世界の問題の発見、理論の発見は一部は無意識であるとしても、客観化の働きは意識的なのであり、そうした意味では主観的意味での知識（第二世界）と客観的意味での知識（第三世界）とを区別すべきだ、とポパーはいう。

無意識の性向というのは、過去の経験を再生させる傾向であって、それがそのまま行動への性向というわけではない。前述のように、ペンフィールドの患者は露出した脳のある部位を刺激されて過去の経験を生き生きと思いだしながらも、かれが手術台上にいることを知っていた（一四六ページ参照）。自己の位置を知っていること、このことなしにわれわれは行動できない。こうした空間的位置づけのほかに目的―手段関係による時間的位置づけは自己同一の一部分を構成する。中枢神経系は、一つにはパイロットの役割をし、もう一つは操縦機関の集中化をする。この下部機構には無意識の統合メカニズムだとか、知覚、記憶を選びとる情報フィルターがある。「経験論」は感覚入力に知性は依存するというが、意識経験は逆であって、経験論が見のがしていることはわれわれが感覚を経験しているのみでなく、いかに問題を意識的に解決しようとしているかということだ、とポパーはいう。もちろん日常的な生活においては意識の介入なしに行われることもある。しかし非日常的な出来事が生じたとき、たとえていえば、いままで鳴っていた柱時計の音がとつぜん止まると意識するといったように新しい事態の発生にさいして、ひとは問題をもち何らかの解決をもとめる。意識の役割が明らかになるのは目的—手段関係で手段が選択肢になっているときである。そして何らかの解決がなされると、意識は無意識となり日常化されていくのである。

誕生から死にいたるまで自己は同一であるという。意識は睡眠中の中断があるが、このことは自己と意識とは同じでなく、自己には意識的な部分とそうでない部分があるということを示しており、氷山の見える部分が意識で水面下にあるのが無意識だとしばしばいわれる。われわれが学習する多くのことは無意識に、あるいは意識下で行われる。言葉の学習など多分にそうした面があるのである。ライルの素質、傾向性も無意識にえられる知識であろう。この無意識の素質は自己にとって重要なもので自己の連続性はこれにもとづいている。ポパーは行動主義のように行動への素質としてではなく、経験を再現する素質だといい、ピアノの練習とか自転車の練習のような行動への素質は別のものとする。したがって素質には、(1)意識をもたらすものと(2)無意識に行動する素質とがあり、(1)が自己の可能的連続を生みだす記憶として重要だとしていう。

「連続を生みだす記憶は生物学的機能において理解さるべきである。それは環境のなかのわれわれの位置の感情として理解される」。もっとも連続性を生みだす記憶としては第二世界の、また学習によってえられる記憶の第三世界の問題があわせて考慮されねばならないのであるが。

無意識の素質

「経験から学ぶ」（行為プログラム、試行、誤ちの除去）は、したがってさまざまなレベルで行われる。ポパーは、(1)遺伝レベル、(2)行動レベル、(3)科学的理論レベルに分ける。適応の変化は与えられた構造から出発せざるをえないのであって、(1)ではその構造はＤＮＡ構造であり、(2)では遺伝的な行動の可能的形式のレパートリーと伝統によってひきつがれた行動のルールであり、(3)では伝統的、支配的な科学理論である。そしてそれぞれのレベルで自然淘汰が行われる（競争、不適切な試行の除去という）。淘汰は進歩性を意味するが、(1)での変化は盲目的（ランダム）に、(2)ではなかば盲目的に（というのも生物体の内部構造をふくむ背景知識、生物の目的、選好構造などがふくまれているから）、(3)では未知の世界への計画された手さぐりの探求といった形での淘汰が行われるという。

「新しい適応のし方を発見しようとするとき、帰納的手続による発見といったものはなんの役割も果たさない。くりかえしは発見がなされたあとで発見をルーティン化し、したがって無意識とするだけである。それは新しい適応を獲得するのではなく、新しい適応を旧いものにし、それをもはや問題とならない背景的知識に、無意識の素質にするだけである」。感覚器官は適応の産物であって理論が観察に先行する。このことは条件反射学の再考をせまるものだ、とポパーはいう。条件反射学によると、動物の行動は刺激にたいしての筋肉反射であって、刺激は感覚器官から求心神経によって中枢神経へ（反射）、ついで筋肉へ（行動反応）という反射弧をつくる。原則としてすべての行動は、程度の違いはあるにせよ反射弧によって説明できると、条件反射学はいうのである。この理論によると、生具の無条件反射を利用して条件づけ（学習による獲得）が行われる（パブロフの犬の実験、『条件反射学』一九二六）。ポパーの見地からすれば条件反射も無条件反射もない。環境に活発な関心をもつパブロフの犬が意識的にか無意識的にか何らかの理論を発明してそして試行したのである。パブロフは、犬を受動的なメカニズムとして（実験では犬をつないで固定させたのだが）とらえているのにたいして、ポパーは犬を環境に能動的な関心をもつもの、探求本能をもつものとして考えるのである。われわれが適応する環境（犬も環境に適応しなければならない）は、ヒュームのいう恒常的に結合する印象の世界とは違って、ある点では変化しある点では変化しない世界であって、動物も人間もそのなかでなんとかやっていかなければならない世界である。機械的に刺激に反応するのではなく、行動プログラムを遂行していかねばならない。刺激は環境への能動的な関係である行動プログラムにとっての刺激なのである。「生物は出来事のくりかえしが記憶に規則性が存在するという印象を与えるとき、受動的にまっているというのではなく、むしろ能動的に推測されられるという。

た規則性を世界に付与する」とポパーは提言する。拡大していえば、法則はこうして視点から考え

人間の自己意識

ポパーは、自己を個体としての生物と関係づけ、統一性、個体性、連続性を生物学的アプローチから説明しようとした。しかし人間の自己意識は、生物学的思考を超える。あるいは動物は意識をもっているかもしれないが、言語をもった人間のみが自らを省みる。動物にもプログラムがあるかもしれないが、プログラムを批判的に修正するのは人間のみである。死にたいして自覚的に立ち向かうことは人間のみがなしうることである。動物にも性格があるかもしれないが、性格をギリシア語の語源のように彫みこんで形成する（キルケゴール）のは人間のみである。動物とのこのような違いは人間が第三世界に投錨していることによると、ポパーはいう。そして第三世界の基礎は言語である。われわれはたんに行為の中心である主体にとどまらず、自らを批判する。自己としてのわれわれは第三世界の所産であるが、逆に多くの人びとの精神（第二世界）によって第三世界はつくられる。画家が作品を製作（第三世界）することによって、その画家の精神（第二世界）は大きく影響される。あるいは昔のひとの、いまのひとの作品（第三世界）を見ることによっても。

「人格とはその行為に責任をもつ主体である」（カント）。このような人格は道徳的主体、あるい

は道徳的自己とよばれる。このことは事実として正しく道徳的に行為しているということではない。自己の行為に責任をもちながら、道徳的に唾棄（だき）すべき行為をしているかもしれないのである。ロールスは「人生のプラン」という（『正義論』一九七一）。人格に統一をあたえる発展的プランをロールスはいっているのである。「本能的欲望だとか、傾向性（カント）をこえ自己と自己に依存する家族を守り、福祉社会をめざすこと……それは物理主義的見解を否定するものなのである」。

『自己と**その**脳』（「自己と脳」ではなく）という表題が示しているのは物理主義批判であった。

VII　マルクス主義者の応答

——ポパーへのアンチテーゼ——

コーンフォースの反駁

不思議の国のマルクス主義　「ポパー博士への回答」という副題のついた『開かれた哲学と開かれた社会』（一九六八）で、コーンフォースはポパーのマルクス主義を「不思議の国のマルクス主義」だという。

「思っていることをいってごらん」と三月ウサギは気ちがいのお茶の会でアリスにいった。「ええ」とアリスは答えた。「少なくともあたしのいうことはあたしの思っていることよ。それは同じことだわ。」「ちっとも同じじゃないよ」と帽子屋がいった。「ではこういってもいいわけかね、『わたしが食べるものがみえる』は『わたしがみえるものを食べる』と同じだってね。」

「社会科学の課題は歴史的予言を行うことであり、このような歴史的予言はいかなる合理的理論にとっても必要である。」これがポパーの理解する歴史法則主義の基本的見解であった。そしてポパーによると、歴史法則主義は、(1)「条件つきでない歴史的予言」（「社会は必然的にあらかじめ定められた弁証法的発展すなわち原始共産主義社会↓階級社会↓共産主義社会といった発展を経るべきである」）というドグマであり、⑵長期的予言は十分孤立した定常的で回帰的な体系にのみ適用されるが、現代社会にはそのような体系はない。こうした歴史法則主義には本質主義、全体論、ユートピア主義がまつわりついていて「歴史法則主義は個人を歩、すなわち人類の一般的発展においてやや重要でない用具とみるのである」。

ではマルクスはどういっているのか。「人間は自分じしんの歴史をつくる。だが思うままにではない。自分でえらんだ環境のもとでではなくて、すぐ目の前にあるあたえられた持越されてきた環境のもとでつくるのである」（『ルイ・ボナパルトのブリュメール一八日』伊藤新一・北条元一訳）。歴史は運命によってではなく人間によってつくられる。ただ好きなようにではなく環境および当の人間の欲求、目的、理想によって制約される。「すべての人間史の第一の前提は生きた人間的個体の生存である。したがって確認される第一の事態はこれらの個人の身体的組織とそしてこれによってあたえられるところのその他の自然へのかれらの関係である」（『ドイツ・イデオロギー』古在由重訳）。「人間は意識によって、宗教によって、そのほか任意なものによって動物から区別される。しかし人間自身はかれらがかれらの生活手段を生産しはじめるやいなや自分を動物から区別しはじめる。この一歩はかれらの肉体的組織によって制約されているものである。人間はかれらの生活手段を生産することによって間接にかれらの物質的生活そのものを生産する」（同上）。歴史の研究にさいして、マルクス主義者の主たる目的は予言することではなく理解すること、そしてそこから実践行動を導きだすことだ、とコーンフォースはいう。かつて起こったこととしての歴史は、あくまで叙述であり社会的生産の発展のなかで、ある矛盾やある問題のなかに人びとがどのように関与するにいたったかを明らかにすること、そこでの基礎は生産関係の生産力への適合ということである。そうした意味で歴史は、たんに過去の出来事を一つずつこと細かにさぐりだすというのではなく、「歴史的な」出来事に注目するのである。生産関係の生産力への適合という点で、それは長期的な予言であることをコーンフォースはみとめる。ポパーは、完全に分離され静止した回帰的な体系にのみ長期的予言ができるというのだが、回帰的でない社会に法則はないのだろうか、とコーンフォースは反論する。「社会の歴史においては行動しているものはすべて意識を付与されており、人びとは慎重さまたは情熱をもって行動しつつ明確な目標に向かってすすむ。意識された目的、意図された目標なしには何ごともおこらない」(『フォイエルバッハ論』)。いうまでもなく、人間の諸問題についての予言は、蝕についての予言とは違っている。人間のばあいには、コーンフォースによると、志向の陳述がふくまれており、それは客観的状況の分析を手がかりにして実行の可能性、不可能性をのべることであり、その予言には予言するひとの行動が含意されているのである。マルクスの予言の根拠は、社会発展の一般法則(生産関係が生産力に適合するということ)、資本主義的生産関係は生産力を束縛しており、社会化された生産、階級闘争があるということだ。予言するひとの行動がふくまれているというのは自然発生的ではなく、労働者階級の政党といった組織化がなければならないということで、「もし予言の遂行をめざす有効な組織を同時につくることができないなら、十分な根拠をもった長期的予言はできないのである」。マルクスは「水晶球のなかにユートピアの幻影を見る」ものではなかった。たしかにマルクスは歴史的方法を用いたが、くりひろげられるじゅうたんの模様を予言するのではなく、人間がいかに社会の変化をつくりだすか、そのための知識、守るべき条件を明らかにしようとした。マルクスが階級の存在、階級闘争、プロレタリアート独裁の必然性、階級なき社会への移行というとき、ポパーは必然性を宿命ととり、したがってマルクスの実践論は矛盾だというが、必然性とは「もし搾取の廃止がなければ不可能」という意味なのであるから、ポパーの理解は不十分だと、コーンフォースは批判する。

ポパーへの回答

ポパーは、『開かれた社会とその敵』の第一五章から二一章までを経済的歴史法則主義としてのマルクス主義批判にあてているのだが、そのポパーのマルクス批判をコーンフォースは次のように批判する。

(1)「社会主義、共産主義は資本主義の唯一の代替物、唯一の後継者だというマルクスの偏見……は歴史的諸事実によってかんたんに論破できる。資本主義は政治的干渉主義（国家の経済的干渉）に道をゆずった」（ポパー）。コーンフォースはいう。マルクスによると、独占資本主義の特徴は「国家の経済的干渉」であって「資本主義の発展において自由放任主義が国家の経済的干渉によってとって代わられるということは資本主義は消滅してしまったことを意味するものではなく、また社会主義が資本主義の唯一の可能な継承者ではないことを意味するものでもない。」「生産諸力が株式会社あるいは国家所有に転換されても、それから資本としての性格が奪われることはない。……近代国家はどんな形態をとるにせよ、本質的には資本主義的機構である。生産諸力を多くひきつげばつぐほど、それはますますすべての資本家たちの本当の集合体となり、ますます市民を搾取する。労働者は賃金労働者のままであり、……資本主義的関係は廃棄されない」。

(2)ポパーは、「マルクス主義の礎石と考えている価値理論をわたくしはむしろマルクス主義のあまり重要でない論点と考えている。」「それはすべての商品が交換されるさいの実際の価格を説明するために導入されたもの」であって、需要と供給の問題で処理できるというが、「マルクスは注意深い買物客」ではないとコーンフォースはいう。「マルクスの関心は価格の変動ではなく生産の諸関係の形成、発展、変化にあった」。そしてそれはポパーの知らないものであった。「問題はただたんに商品の実際の価格を説明するというのではなく、商品生産社会における社会的諸関係を説明するということにあった」。

ポパーは国家の経済的干渉によって、もっとも大きな諸悪は廃棄されたという。ポパーのあげている諸悪のリストは、貧困、失業および類似の形態の社会的不安定、病気と苦痛、刑罰上の残虐さ、奴隷制および農奴制の諸形態、宗教的差別、人種的差別、教育の機会の不平等、厳密な階級的差異、戦争などである。しかし慈悲ぶかい干渉主義の国家によって諸悪がなくなったのではない。「スカンディナヴィア、合衆国、カナダ、オーストラリア、ニュージーランドにおいては階級なき社会に近づきつつあるような状況が実際に存在する」とコメントしたり、あるいは自由世界での戦争の消滅についてのポパーの主張は自滅的であると、コーンフォースは批判する。

(3)ポパーは革命には長期にわたる暴力の使用がともない、このことは自由の喪失につながり、冷静な理性のではなく強者の支配となってしまい、また制度的、伝統的な枠組が破壊され文明の消滅となるから、漸次的社会工学を採るべきだ、と主張した。

伝統、文明の破壊についていえば、それは特定の生産関係より永続的なものであるから、ポパーのいうことはあたらない。またマルクス主義は暴力に関する宿命的な予言、暴力を刺激する陰謀といったものではなく、革命とは、「別の階級が権力の座につき、先の支配階級が先の搾取方法でみずから存在を維持していく機会を奪うという政治的体系における秩序の変化」であって、暴力的であったのはむしろ支配階級であった。プロレタリアートは暴徒ではなく、国際的性格をもつにいたっている、とコーンフォースは反論する。

ポパーは、マルクス主義をユートピア的社会工学といい、それは社会の構造全体を改造しようと企図するものであり、暴力によって強制的に絶対権威を主張し、社会を完全に改造し、直接の諸悪をではなく抽象的な善を追求するものであって、その根底には仮借のない歴史的必然という仮定があるのだ、という。

そしてユートピア的社会工学かそれとも漸次的社会工学か、いずれかを選べ、とポパーはいう。「この二つの間の選択が問題なのではない」としてコーンフォースはいう。「ここでの問題は現存の搾取様式をうけいれるか、あるいは除去するか。除去するために何をなすことができるか、とりくむべき問題は何か。それにとりくむためには一歩一歩なさるべき建設的な提案は何か」の問題だと。マルクス主義はたんにポパーのいうように抽象的な善を追求するのではなく、具体的なさまざまな不幸を除去するようもとめる。このことは変わらない。ただしポパーのばあい、次の但書をつけ加えねばならない、とコーンフォースはいう。「(ポパーの具体的提案は)搾取の維持と両立するかぎりにおいてなされる」と。ポパーは政治的手段によって幸福の確立をめざすな、諸悪の除去につとめよというが、これは「貧民窟をとりはらい、会議所を建設し、そのなかで人びとを沈黙させておいて、かれらに『あなた方の幸福はいまやあなた方の私的な努力に依存している』と告げるようなものだ。」「いわゆる漸次的社会工学は、資本と労働のあいだの階級闘争のある特定の時代におけるあらわれにすぎない。それゆえそこで作用する法則は、工学の法則ではなく階級の闘争の法則である」。

「開かれた社会」に対して

ポパーの「閉ざされた社会」とは原始的部族社会であり、人びとの魔術的態度、集団主義的生活の支配する社会であり、不変のタブー、慣習の呪縛圏にあるものであった。これにたいして「開かれた社会」とは諸個人が個人的決定に直面する社会であった。かれは「マルクスの信念は基本的には開かれた社会への信念である」ことを信じたが、「マルクスはその功績にもかかわらず、……開かれた社会をもたらす要因をおしすすめようとねがう人びとの列の内部に歴史法則主義的方法の影響を及ぼし、かれらを荒廃させた責をおわねばならない一人の偽りの予言者だった」と批判した。そして「開かれた社会」の基準は、社会は人間のつくったものという意識、人為的規約の意識にもとめられた。『開かれた社会とその敵』において、その最初の典型はギリシアのペリクレス時代のアテネであった。おそらく海上交通機関、通商の発展が大きく寄与したのであろう、とポパーはいう。コーンフォースはポパーの「開かれた社会」は、資本主義（商品の流通）の別名だという。「ポパーが見のがしているのは、原始共産主義以来、資本主義の確立にいたるまでの生産力および生産関係の発展が労働のさまざまな搾取方法の発展であったということである。ポパーはそれらが社会的管理制度、イデオロギーおよび個人の生活にあたえた影響のいくつかに表面的に注目するにすぎないのだ」。そして現代の「全体主義」はポパーのいうような部族社会への逆もどりなどではなく、「部族の原始的連帯とはわずかな共通点しかもたず、むしろ侵略的搾取者集団の利害の暴力的主張を示している。」「もしわれわれが人間のままでいたいのであれば『開かれた社会』へと前進しなければならない」とポパーはいうが、「かれが愚直にも理解しそこねるのはマルクスが論証したこと、すなわち『閉ざされた社会』の否定はただ階級分裂と搾取とをもたらしたにすぎないこと、および『開かれた社会』への道はいまやこの否定の否定を要求することとなのである。」「われわれは必要物を生産しつづけねばならない。また人間の搾取と階級社会の分裂とを克服しなければならない。」「マルクス主義は人びとが民主主義的組織に統合されるところに、そしてそこにのみ創出される」と反論した。

ポパーのデモクラシー観　ポパーは、デモクラシーに関して「誰が統治すべきか」という問いではなく、「権力の悪用をいかにコントロールするか」の問題であるとして、「民主制は〈人びとの支配〉、あるいは〈多数者の支配〉といった曖昧なものを意味するのではなく、次のような一組の諸制度（なかでもとくに普通選挙すなわち人びとがかれらの政府を罷免する権利）を意味するものと考える。つまりそれらの一組の諸制度は支配者たちを公に統御し、被支配者たちが、かれらを罷免することをみとめ、さらに被支配者たちが支配者たちの意志に反してさえも、暴力を用いないで、諸改革をかちとることを可能とするものだ」という。ポパーにとって統治の主要なタイプは民主政治と独裁という二つがあるだけで、民主主義の原則は専制をさけるための政治的諸制度を創設し発展させ防衛することにある。たしかに専制にたいする防波堤としての民主主義が重要であることは当然のこととして、コーンフォースは同意しながらいう。「民主主義は多数の名目上の統治者たちを統御する強力な諸制度をふくむが、それと同時に少数者によってたえず有効な統御が確実に行われるような強力な諸制度をもふくむものである。資本家階級が民主政治の内部でこれらのタイプの統御をつづけることができるかぎり、資本家階級は支配者階級として有効な地位をたもつ」のであるから、ポパーの「公的統御をゆるす一組の諸制度」に階級分裂という事実がどのように認識されているかが問題なのである。「階級、階級闘争および階級の力の存在が無視されるとき民主主義についての議論は欺瞞的なのが常だ」とコーンフォースは批判するのである。ポパーが「ひじょうに小規模な改革以外はどんな改革をも試みらるべきではない」というとき、「かれは階級を廃止することが（かれのいう）民主主義の高みから専制政治の深淵へとわれわれを投げこむほどに非民主的な所業になるのではないかと懸念している」と批判されるのである。

ポパーは国家論に関してマルクス主義は「国家とは何か、その真の本性は？　どのようにして国家は発生したか」と問うが「国家に何を要求するのか」という、より重要な問題は不問にふしていると非難する。これにたいしてコーンフォースはいう。「マルクス主義は物質的必要に十分に応じられる社会的生産が最高の技術と最小の労働消費によってつづけられるのを保証するような制度を確立するための実践的方法および手段を主唱し、さらにみずから娯しむ自由を、また技術と文化の社会的発展から人びとに可能となるすべての利益や利得をえる自由をもとめており、しかも若干のひとにではなくすべてのひとの自由をもとめている。ここでは自由と平等とは結合している」として「国家の本性を追求することと国家へ要求することとは両立する」という。

ポパーは、たとえば、(1)マルクス主義は形式的自由を実質的(経済的)自由におきかえるが、形式的自由こそすべての基礎だと主張する。さらに(2)「国家は犯罪の、たとえば侵略の防止のための社会」として考察さるべきだという。また(3)「他の市民に害を与えることのない自由」をいうのであるが、これに対してコーンフォースは次のように批判する。

(1)についていえば、実質的自由が資本主義社会の発展とともに具体的問題として登場してきたのであって、このことは形式的自由を否定することにはならない。(2)についていえば、ポパーのばあい植民地侵略といったことが見のがされており、(3)では「国家はつねに所有権と所有の安全を擁護しなければならない」ということであるが、どのような所有権を擁護するのかと問うとき、国家の資本主義的所有関係の擁護は、「最小の力を充用してかれらの人間性にもっともふさわしくもっとも適当な条件のもとで」、いっそうの発展をねがう人びとのねがいと矛盾してくるのである。ポパーのいう抽象的な政治的自由にたいしてマルクス主義は、長時間労働、骨の折れる単調で退屈な不払い労働、よい食事・生活条件の欠如、失業、教育をうけられないこと、こうしたさまざまな具体的束縛(束縛一般ではなく)からの脱却を主張するのだと、コーンフォースはいう。「社会は、生産手段を社会的に、計画的に使用するためには全生産手段の主人となることによって、これまでのような人間の自分自身の生産手段への隷属をなくし」(『反デューリング論』)、自己目的として行われる人間の力の発展をもとめる。

自由の限界についてのポパーの理論は、一般に他の自由主義者と同じく瞳孔縮小をひきおこしている、とコーンフォースは批判する。資本主義諸関係の枠内で考えるポパーの「搾取から自由」論は、団体交渉で解決される組織労働者は問題ではなく、未組織労働者のみの問題とされてしまう。またマルクスは、キリスト教的二元論者で必然の国（物質的生活、物質的諸条件、物質的生活手段の生産）のその彼岸でのみ自由（精神）ははじまるとし、精神的存在としてのみの自由をマルクスは主張した、とポパーは曲解する。ポパーのこの主張は「ゴルファーは弾道学の法則に従い、かつゴルフの規則を遵守し、かつ優雅に巧みに競技することはできない」と主張するに等しい、とコーンフォースは批判する。

反証理論の検証

ポパーは科学の反証理論を提唱した。たしかに「だれもが父親を殺し母親と結婚したいと望んでいる」というフロイトの主張に反証できない。フロイトの願望は、抑圧され意識されていないのであるからである。しかし、反証不可能であるということが、ただちに非科学的だということにはならない。ポパー自身も反証されないかぎりにおいて科学的であることをみとめている。ところでポパーは「有効な科学理論は一つの禁止である」（ある事態が起こることを禁止する）という。熱力学の第一法則は「永久に運動する機械をつくることはできない」に等しいということであり、第二法則は「一〇〇パーセント効率のある機械をつくることはできなしいと。そうした意味では科学は可能性の限界を指示するものである。「社会的発展を支配するものとしてマルクスが定式化した基本的な諸法則（生産諸力と生産諸関係のあいだにはなんらかの照応がある）も同じように、ある事態が起こることを禁じている」。

しかしポパーは、マルクス主義の禁じていることが実際に起こっていると批判する。たとえば、ロシア革命とか第二次大戦後の数年間のイギリスでの完全雇用などである。しかし、これらのことはマルクス主義への反証となるであろうか。「社会主義革命はもともと発達した資本主義国ではじまるであろうとたしかにマルクスはのべた。かれは革命がそれ以外のどこか他のところではじまることを禁じた。しかし、現実には資本主義の発達していないロシアではじまった。初期の予言のこの反証が生じたときマルクス主義者たちは、ただ特殊な国々における社会発展のある特徴的な側面が過小評価されたのだとのべただけであった」。このことはマルクス主義がポパーのいう補強された教条主義と批判さるべきなのだろうか、とコーンフォースはいう。「もし社会主義革命がたとえば極東や中央アフリカではじまったとすれば、あるいはまたどこでも起こらなかったとすれば反証になるであろう。」また、第二次大戦後のイギリスでの完全雇用は、ある特別な条件が一時的に存在しただけなのである。コーンフォースはマルクス主義社会理論は社会を意図だとか観念とかによって説明するのでもなく、また何がすべてのことを説明するかを問うものでもなく、生起するあらゆる種類の社会生活の条件は何かを明らかにしようとするものであって、ちょうどダーウィンが有機的自然を環境への適応とし、さらに自然淘汰によって定式化（生存競争、適者生存を補助概念として用いた）したように、マルクスは有機的自然の特殊化としての人間の歴史を生活手段の社会的生産とし、生産関係を生産力に適応させるとして定式化したという。このような科学理論にたいして、ポパーのいう「ある理論は禁止すればするほど有効である」という見解は、コーンフォースによれば、科学理論における抽象と一般化の働きの軽視ともなりかねないのであろう。

ポパーは弁証法を「人間の思考が正、反、合といういわゆる三幅対によって発展するという主張」であるとして、もし矛盾が許されるなら、ひとはどのような結論をも、そして相矛盾した結論をもひきだせるのであるから、これに反論することはできなくなると主張した。「弁証法論者たちは、矛盾は進歩にとって実り豊かであり、多産的であり、生産的であるという。これはある意味では真実である。……だがそれが真実であるのはわれわれが矛盾を許さず、矛盾をふくむ理論はすべてこれを変更する（いいかえれば矛盾をけっして容認しない）と決意するかぎりにおいてのみである」という（『弁証法とは何か』）。

これにたいしてコーンフォースはいう。矛盾とは「資本主義が社会的生産と私的取得を結合する」といったように客観的矛盾なのであって、けっしてポパーのいうように「論理的」矛盾に耐えるべきだということでないとして、弁証法的唯物論は「宇宙の本性は何か」とか「事物の総体」とか「事物の究極的実体」とかいった問題に答えようとしているのではなく、観察しうる対象や過程の性質、構成、構造、操作法則などを科学の諸方法によって探求しそれを経験的に検証すること、さらに実践のなかで検証される理論を発展させること、理論構築のために推挙しうるアプローチや指導原理を提出するものであるとして唯物弁証法は科学的方法にほかならないという。「弁証法の諸法則を自然へもちこむということが問題ではなく、それらの法則を自然のなかに見出し自然のなかから展開することが問題なのだ」（『反デューリング論』）と。しかし、唯物弁証法は科学法則が予測の基礎であると同じ意味では予測の基礎ではないのであるから、科学的方法についてのメタ理論だという。

ジョン＝ルイスからの再検証

還元主義の検証

一九七四年、J・ルイスは『人間の独自性――モノー、ローレンツ、スキナー批判』（邦訳『人間この独自なるもの』）を出版した。「還元の哲学」Philosophy of Nothing But を批判したものである。ポパーとエックレスの共著『自己とその脳』の出版に先立つこと三年であった。「還元の哲学」というのは、(1)人間をDNA、分子生物学に還元したり（人間はDNAにすぎないといって）、あるいは観察可能な行動に還元するもの、(2)精神を機械（コンピューター）に還元しようとする哲学をいう。こうした哲学の根拠を問いただすことによって、人間とは何かを確認しなおそうというのがルイスの視点であった。一方、コーンフォースのマルクス主義は生産力と生産関係の適合とか矛盾の客観性とかを主張するものであって、そこでの人間のかかわり方については脆弱（ぜいじゃく）な面をぬぐいきれない側面をもっていた。そうした意味でマルクス主義という同じ立場に立ちながらも、ルイスの視点はコーンフォースの「客観主義」とは異なっているように思われるのである。

(1)人間とは何かを問う人間論は、たとえば中世においては堕落した人間論として、一八世紀啓蒙期では信仰を批判しうる合理的存在として、一九世紀においては「社会ダーヴィニズム」のように弱肉強食の人間として、今世紀ではファシズムの「血と土」理論のように本能への回帰、理性の拒否といった人間野獣論などさまざまに論じられてきた。還元主義はどのように位置づけられるのであろうか。「すべての哲学者は実在世界の人間的経験から価値を誘導するという自然主義的誤謬を犯している」とモノーはいう。かつてムーアが『プリンキピア・エティカ』（一九〇三）で、指摘したように、「xは青い」と「xは善い」は構文上類似しているので、青いものがあるように善いものがあると、物の性質と倫理の性質とを混同する自然主義的誤謬が現代の哲学者によって犯されているというのである。モノーによると、したがって、価値などといったものはないのだし、精神は皮質ノイロンにおける攪乱にすぎないし、また目的などといったものはないのである。こうして精神と物理の二元論は排除されてしまう。「動物行動学」のローレンツが人間学を無意識の残忍性、攻撃的衝動といった原始人概念によって説明しようとするのも一元化の試みである（D・モリスの『裸のサル』一九六七年は動物行動学の通俗版である）。さらにまた行動主義心理学も同様である。行動主義心理学者ワトソンは、感情、意志、記憶などを内観によって説明する心理学に反対して、観察可能な行動のみを心理学の対象とした。この前提には「自然科学で使われるタイプの観察や実験が心理学における唯一の合理的アプローチを提供するものであり、この方法であつかえないものは存在しないか、たとえ存在するにしても従属的であるから無視できる」ということである。スキナーはいう。「動物は渇く故に飲むといってはならぬ。観察できるのは飲むことだけであり、それが渇きの意味するすべてである」。

アイゼンクの方法（確立したい反応には報酬を与え、阻止したい反応には嫌悪をつくるという）では、条件づけによる消去が行われ、価値を逆転するように訓練できる。スキナーは条件づけによる獲得実験を行う。しかし「スキナーとアイゼンクは理性や倫理性に訴えてもなんの役にもたたぬという点では一致している」。そしてと、ルイスはいう。「これらの方法は産業や政治の局面にも適用される。人びとは権利あるいは正義心、慈悲、人間的価値などの観念を動機とするのではなく、自分の安全と直接的欲望の充足をはかるのにもっとも有力な行為の知覚により、刺激され条件づけられる」。

(2)スラッキンは『精神と機械』で、人間の学習過程は基本的にはコンピューターのイエス／ノー選択と選ぶところがないという。しかし、コンピューターが考えるとはどういうことなのか。コンピューターは、プログラマーによって仮説が定式化されプログラミングされた条件のなかで結論をだすことはできる。しかし、データから仮説を定式化すること自体は、コンピューターにはできないのである。「コンピューターは想像力を要する仮説については無力なのである」。さらにコンピューターには意味論がないのである。「コンピューターは意味を理解できない。意味とは全状況にかかわるものであり、事実のよせ集めではない。」「計算のため数字を読むことは文を読むこととは違う。機械は数字を読んで処理する点では人間よりすぐれているが文を読むことはできない。」「計算、推測、分類あるいはフィードバックにもとづく諸応答というものは言語的つまり真実の理解にいたる階梯であると誤って考えられている。だが思考は計算以上のものである。……コンピューターはたとえていえば一次元的なものであって新しいことは何もいわない。結論は前提のなかにあるのである。」

ルイスは、こうして還元主義の哲学は「自由と尊厳」の彼方に、枠外にあると批判する。

人間性に関する再検討

人間性とは何かを問いなおさねばならないのである。還元主義は現代の少数意見であって、反対する人びとのなかにはニーダム（進化論）、メダウォー（同）、ドブザンスキー（遺伝学）、グレゴリー（行動学と脳研究）、ローズ（同）、ソープ（動物行動学）、モンターギュ（同）、J・ハックスリー（進化論）、M・ミード（人類学）、ポパー（哲学）らがあり、広汎な科学の成果に依拠して再検討すべきだ、とルイスはいう。

ハックスリーは進化の三つのタイプをあげている。(a)、環境からの独立性の大小ではかられる効率、(b)、特殊な生活法に改善されること、高度に特殊化した動物は新しいタイプをつくれない。(c)、真の改善は(b)とまったく異なる一般的分化の線に沿って継続する。これは継続する前進であって人類はこの方向にあるという。(c)の方向に環境に適応するということにとどまらず、環境を利用するという事態が発生し「それとともに外界と人間との関係に広範な変化がもたらされ、そして偶然的変異にもとづく遺伝的変化とは違った進化自体の新しい進み方がもたらされた。すなわち知能を利用して道具をつくり、使用して環境を制御する進化の進め方が生じた」。人間の肉体的変化はささいなものにすぎず、めざましい変化を示したのは人間的文化と人間性であった。この人間レベルで出現したのが「精神」だとルイスはいう。人間は肉体から独立しているというのではなく肉体の限界から脱却しているのである。精神が道具使用、話し言葉と深く係わっていることはいうまでもない。道具とは何らかの目的のための手段であって、手段—目的をつなげて考えるということは刺激—反応のレベルを超えているのである。「類人猿の知恵試験」（一九一七）でケーラーが報告しているようにチンパンジーは棒を道具として使用し、手の届かないところにおかれたバナナをたぐりよせることができる。しかしこの棒はチンパンジーの「見わたせる」領域になければならなかった。「類人猿には組織された記憶もなければ想像的予想もない。類人猿は現在にのみ生きていて鼻先に見えるものに対処できるだけなのである」。類人猿の道具使用は四肢の延長にとどまる。人間のばあい道具使用はこうした感性的識別のレベルを超える。道具の道具といったばあいははるかに高いレベルにあることは明らかである。道具はまた、「サイやウシの角と違って人間の身体の一部ではない」。手の延長ではあったが、やがて独自の身体外のものとして存在するにいたったのである。

ジョン＝ルイス著
『人間その独自なるもの』

また道具使用にともなう話し言葉は、「他人に反応と感情を喚起するだけでなく、諸観念を伝達するという点で進化への新しい層の出現でもある」。言語は単語と単語から構成される文でつくられている。単語自体は音声だけでは不十分である。wright（工人）、right（正しい）、write（書く）は、同じ音声なのだから。速記者は音声を表記するのではなく、意味をききとる。知らない国語を速記することはできないのである。行動主義は、にもかかわらず、言語とは音声刺戟にたいする自動的応答だというのである。

「生物学では獲得形質の遺伝は否定されていて、動物は環境から受けた身体の変化を有用のものであれ無用のものであれ、そのこどもに伝達しない。しかし、人類に固有の新しい進化は、人類の各世代が獲得した知識、経験、発見を学習しうけつぐように働く」。自然の王国は文化の王国になったのである。「最初の鳥が現存の効率のよい形の鳥に進化するには三〇〇〇万年を要した。オーヴィル＝ライトの最初の飛行機が効率のよい現代の航空機関に発展するにはわずか三〇年であった」。緩慢な生物的発展にたいして、ここには高スピードの技術的発展がある。

ローレンツの本能理論は、クラーゲス、ローゼンベルク、シュペングラーにつながっているが、「人間は本能的でないがゆえに人間なのである。なぜなら現在および過去のすべての人間はその文化から、人間のつくった環境部分から、他の人間から学習し獲得したのであるから」とモンターギュはいい、シモンは、この動物行動学のアプローチは①人間独自の特性とくにその審美的、宗教的、哲学的資質を正当に評価していないし、②言語とコミュニケーションの重要性を無視しているが、これらは人間に独自なもので動物に見られる合図によるコミュニケーションと同一のパターンではない。③このアプローチは人間の社会的行動とくにその攻撃的行動を単純化しすぎている。じっさいには攻撃性は本能ではなく。それはつねに欲求不満と他の環境的状況の結果なのである。④もっとも重要な点は、人間の社会的行動というのはまったく本能的でないことである。社会的行動は紋切型ではない。これが人間と他のあらゆる動物種との根本的差異である。それどころか人間に独自なのはその適応性と行動の固定的パターンがまったく欠けていることである、と批判する。

人間の進化と適応

進化の過程での人間の誕生は新段階を画したもので、人間は環境に適応するのではなく環境を人間に適応させるようになった。環境の理性的支配と文化的進歩である。ホモ－サピエンスの出現以来、人体に基本的な変化はないし、遺伝的変化は現在では第二義的なものとなっているのである。「人間集団が遺伝的でなく、文化的に変化したために大きな変化が生じたことは明らかである。人間が生物として絶大な成功をおさめたのはその文化がつねに遺伝プールより格段にはやく変化するためである。これこそ文化的進化が生物的進化の強大な拡大に適応したゆえんなのである。……人類はその遺伝子を環境に適応させるよりはるかにひんぱんにその環境を遺伝子に適応させてきているのである。そして適応における文化のこの優越性はきたるべき未来にもとづくのである。この意味で人類は生物としての過去の絆から逃れてその遺伝子の奴隷でなく支配者となっているといえよう」（ドブザンスキー『進化する人類』）。人間は、たんに生者と生者との協力にとどまらず、死者ののこした文化をひきつぎ発展させるという点では生者と死者との協力によってでも進歩する。進化は人間の発生とともにメタ生物学的段階へ移行した、とルイスはいう。そして人類の「この大変化は動物界におけるようにすべての動物種がしだいに絶滅しておきるのではなく、時代おくれの道具と使いつくした経済的政治的方法の廃棄によっておきることを銘記せねばならない。高度に特殊化し分化した動物では道具は身体の一部であるから、いっしょに絶滅するが、人間はまったくそのように分化していないのだ」と。生物の形態の変化は、変異と遺伝によるが、人間社会の変化では技術と構造が重要な意味をもつ。「経済生活が一定の技術レベルまで発展しその生産過程が変革されると、生産過程のとっている形態はそれをつくった人間的必要をみたすにはますます不適格になり生産力を十分発揮できなくなる。技術的諸力とその有効な使用を制限する形態とのあいだの矛盾は増大する。人間社会ではしばしばこの形態は修正をこばむ。その形態の維持をとくに要求する階級または集団によって、経済的に役立つ限界をこえてそれが人為的に維持されるためである。このようなばあい、変化は社会的反乱をともなうことが多い。しかし結局、社会的形態は新しい機能に向上するのであり、社会的構造はその環境に適応するのではなく人間的要求の満足にかかわる発展的経済機能に適応するのである。」このようにして環境的圧力が現存する動物の形態では遂行できない機能を要求すると同様に、社会進化は形態を機能に調整させているのである。動物でおきる事態は、ひじょうにながい期間にわたっていっそう適切な新形態形成に役立つ偶然的変異によって行われるのであり、結局、種自体が変化することになる。人間社会では変化するのは技術とその前進に適応しなければならない社会的形態である。種は変化しないのである。「生物学ではたとえば哺乳類が地上生活に適応し、鳥類が飛翔に適応するように形態の機能への適応が語られる。動物はその生活法に相応する形態ないし構造を発達させる。失敗すれば種は絶滅してしまう。社会形態も適応させねばならない。特定の社会形態が技術の発展に適合しなくなったからといって人類が破滅に瀕したり絶滅したりする必要は、しかし、ない。進化によってすてられるのは部族でもなければ民族、いわんや人類でもなく、つかいすての技術や道具であり、腐朽した経済的社会的組織なのである。しかし、この腐朽したものに盲目的に固執するあまり、あの恐竜類の運命をたどるのではないかという脅威はつねに現存する」。「人間は自己をつくる」とルイスはいう。自己批判をふくんだ合理的能力、未来を形成できる自覚的能力は現状に固執する階級を超えたところにあると。

ポパーがマルクス主義の科学性の反証としてロシア革命をあげたことについて、コーンフォースは「初期のマルクスの予言のこの反証が生じたときマルクス主義者たちは、ただ特殊な国々における社会発展のある特徴的な側面が過小評価されたとのべただけであった」（本書一八二ページ参照）と弁明した。しかし、進化における「人間の独自性」という主張からいえば、特殊な国々におけるある特徴的な側面が過小評価されたというより、ロシアにおける当時の人間の問題こそ問うべきではないのだろうか。さらに生産力と生産関係の適応といっても、そこには生産力を増大させる科学、文化の問題、主体的人間の問題があるのではないであろうか。もともと生産力と生産関係の適合というだけでは、変革の問題は十分に説明できないものなのである。ルイスは「人間経験のきわめて豊富な内容と結果とを否定し、反形而上学の紛装をこらした狭隘（きょうあい）な一つの形而上学に堕した」ものとして還元主義の哲学を批判したのであって、この点ではポパーを批判してはいない。ポパー自身、精神のパイロット理論によって行動主義を批判し、三つの世界論を提唱したのであった。

VIII

現代社会に生きる「人間」

——ポパーが探りつづけるもの——

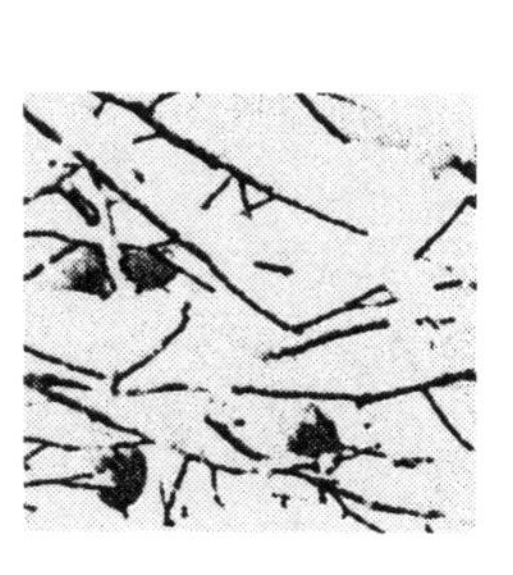

ポパーの求めたもの

科学とは何か？

第一次大戦が終わってハプスブルク王朝が崩壊したウィーンで、その青春期を送り、ナチスのオーストリア併合直前に祖国を離れ、ニュージーランドに亡命し、第二次大戦のまだ終結していない時期に、イギリスに移住したユダヤ系哲学者カール＝ポパーの生活、思想をわたくしたちは辿ってきた。ポパーがすごした青春期はロシアにはじめて社会主義体制が成立し、アジアにおいても中国の五・四運動、朝鮮の三・一万歳事件などの反植民地闘争がくりひろげられた時期であった。一九一五年、一三歳のときにマルクス主義者となり、「一九一九年一七歳の誕生日の直前に反マルクス主義者となった」ポパーは、飢饉、飢餓、インフレーションといった不安定な社会のなかで家庭は崩壊し、働き口もなくアルバイトをしながら苦学生活を送った。無味乾燥なレアルギムナジゥムをさぼり、不正規入学者としてウィーン大学へ通う。ウィーンでの社会運動に参加しながら、大学では数学と理論物理学しか聴講しないでカントを耽読する学生であった。生きることとその根拠をもとめようとしていたポパーにとって、ウィーン大学はなんであったのだろうか。当時のウィーン大学には、ハーン、シュリック、カルナップ、ファイグルらが教鞭をとっていた。のちにウィーン学団に結集した主力メンバーである。かれらは大学で哲学を講義していたのではなかった。数学、物理学、統計学などを講義している個別科学の専門家であった。しかし、ウィーンには、トゥールミン、ジャニクのいうようにたんに個別科学にとどまらず、学への追求という伝統がねづよく保持されていた。アインシュタインの理論のテスト－ケースとしてのイギリス観察隊の報告に大きな影響をうけて、ポパーがたどりついた理論はウィーン学団の人びととはずれていた。ウィーン学団は論理と実証科学とを有意味の領域とし、形而上学は無意味、ナンセンスとし、これを排撃した。そして実証科学では検証理論がとりあげられていたのである。

ポパーが「認識」誌によせた手紙も、ウィーン学団のおおかたの人びとには意味の検証理論を反証理論でおきかえたものとして、理解されていたのである。ポパーもいっているように、かれは科学とは何かを問うていたのである。科学と科学でないものの境界線をどこにひくのか（境界設定問題）ということであって、意味の問題ではなかった。

アドラーの児童補導相談所での体験だとかマルクス主義運動での経験を通じて、精神分析学やマルクス理論が相対性理論と同じような科学理論としての資格をもつことができるだろうか、というのがポパーの問題であった。境界設定問題は、したがって自然科学論にとどまるものでは

カール＝ライムント＝ポパー

なく、学問論であった。ポパーがカントの『純粋理性批判』と『プロレゴメナ』をくりかえし読んでいたことは示唆的である。もともと論理実証主義の綱領はヒュームの延長線上にあった。『探求の論理』の原型である『認識論の二つの根本問題』とは、「帰納の問題」と「境界設定の問題」、ポパーによると「ヒューム問題」と「カント問題」であった。それは学の問題であった。したがって『探求の論理』は部分的にはマルクス主義批判であったというのである。

マルクスたちの誤ち

一九三〇年代、ポパーが到達した見解は、学としてはフロイト、アドラーの精神分析学はその科学的地位をもたず、マルクス主義は補強されたドグマチズムということであった。ナチスのユダヤ人迫害によってニュージーランドへの亡命を余儀なくされ、ナチスのオーストリア併合のニュースをきいて執筆しはじめた『歴史法則主義の貧困』と『開かれた社会とその敵』は、『探求の論理』で部分的に行ったマルクス主義批判を拡大して社会科学へ延長しようとしたものである。歴史法則を無条件に適用することはできない。マルクスにせよミルにせよ、いずれも同じ誤ちを犯していて、かれらは現実的条件を想像できないでいる。歴史法則主義は想像力の貧困によるとして「状況の論理」を提案したが、「歴史法則主義の貧困」こそがオーストリアの反ナチ闘争に大きな打撃を与え挫折を強いた、とポパーはいうのである。また『開かれた社会とその敵』では、自由の無制約使用にともなうパラドックスをさけるために漸次的社会工学が提案された。ユートピア社会工学（マルクス主義）と社会工学（計画経済）とから区別され、幸福といった、ポパーによるとプライヴァシーに属するものを追求するというのではなく、現実的な悪を除くための制度主義を主張したのである。小規模な制度的改革のための計画には予測がたち、でてくる結果とのずれから調整、手直しができるしそれゆえ責任の所在がはっきりしているけれど、大きな計画では「あまりに大きな悪」からは何も学べないと考えるのである。こうしたポパーの考え方はかなりプラグマティックであって、かれの漸次的社会工学とはいってみれば幹線道路の建設といった大きな計画は放棄して、すでにある道路のどこに信号をつけるかといった問題に専念しようといったことかもしれない。規模の大きい小さいという違いばかりでなく、ここには社会経済体制の違いの問題もある。しかしポパーのばあい、社会主義体制はユートピア社会工学としてあらかじめ排除されている。「資本主義の枠内」での社会工学だ、とコーンフォースはそれゆえ批判するのである。

フューシスとノモス

『開かれた社会とその敵』は「探求の論理」を社会にまで拡大したものであった。ポパーのいうように、科学の方法の統一性という点では同じであるにしても、とり扱う対象は違う。一方は自然（フューシス）であり、他方は社会（ノモス）である。ポパーでは社会はどのようにとらえられているのであろうか。呪術的な部族社会が崩壊するとともにフュージスとノモスの違いについての理解が深まり、真偽と正、不正、事実と規範が区別されるにいたる。「(事実を対象とする) 科学理論においては実験結果が下す判決はわれわれに依存しないが、規範においてはわれわれ自身に依存する」とポパーはいい、にもかかわらず倫理における批判的合理主義によって、自由の保障のもとでの間主観的な討論によって問題解決をめざすことができるというのがポパーの思考論理であった。ポパーの念頭にあるのは、社会においては個人の主観的意図はそのままでは実現されないということである。「陰謀は完うしない」という。主観的意図では律しきれないものとしての社会であった。マルクスは、『経済学哲学草稿』のなかの「疎外された労働」という未完成の論文で、疎外を商品経済社会のなかで労働者が商品を生産することが同時にかれの労働力を商品化するという形で社会をとらえた。商品を生産するという外化がしだいに敵対的疎外へ移行する。人間が商品として疎外されている。それゆえ人間性を回復することは、主観的な立場からではなく、疎外状況をつくりだしている社会の形態を変革しなければならないとのべたのである。

『歴史法則主義の貧困』が出版されたとき、当時イギリスではポパーはマルクスの「藁人形」と戦っていると批判され、「よく売れはしたがあまり読まれなかった」という。『開かれた社会とその敵』に関しては、プラトンをソクラテスの鬼子とする解釈について、レヴィンソン、ワイルドらは疑問を表明し、コーンフォースはポパーのマルクス論に反論した。

人間として生きる

アプローチの独自性

ポパーは歴史法則主義を批判したが、歴史学を否定したのではない。「歴史学が資料の洪水に窒息されまいとするなら、なんらかの選択的アプローチをとらねばならない」という。そのためには科学と同じようにテスト可能な仮説を用いなければならないのであるが、「裏づけが多くても反証できないようなものであってはならないものは歴史的解釈であって、解釈を理論ととりちがえてはならない。選択的アプローチであることを自覚せよ」という（七一～七二ページ参照）。コリングウッドのいう追体験は些末事だけで、肝心なこと、「歴史的なこと」は追体験できないのであって、それゆえコリングウッドの歴史学は第二世界に立った見解だと批判した。そして歴史学において本質的に重要なことは問題状況の再構成であると主張した。

コーンフォースが「歴史はたんに過去の出来事を一つずつさぐりだすということではなく、まさに〈歴史的な〉出来事に注目する」というとき、ポパーとコーンフォースとは、一見したところたいした違いがないように見える。しかし、何を問題状況としてとらえるかということになると、コーンフォースは生産力と生産関係の適合、不適合として考え、ポパーはそれは一つの選択的アプローチではあっても理論ではないというのである。しかし、ポパーのいう問題状況も、ひるがえって考えれば、やはり一つの選択的アプローチであり、プラトンはソクラテスの鬼子というポパーの特有なアプローチであったし、プラトン、ヘーゲル、マルクスを同一の系譜として「誤った予言者たち」としたのも、ポパー特有の、しかもかなり常識からはずれたアプローチではなかったのか。

理論の適者生存

『歴史法則主義の貧困』を出版したころ、ポパーは進化論を理論として把握していなかったように見える。進化とは系譜をたどることであって、特称言明をのべることであるとしていた。しかし、三つの世界論（自然、人間、文化）を主張し、認識論への生物学的アプローチを試みるころから、ダーウィニズム的進化論哲学を構築しようとしたのである。カント哲学によって論理実証主義とは距離をおいて、仮説演繹法を提唱していたポパーは、反証された理論を捨てていくという理論の適者生存を早くから主張していたのである。こうしたポパーの考えは、カントの宇宙論と実践理性とのかかわりとも関連して、三つの世界論へとつながっていった。第一世界から第二世界、第三世界への移行は宇宙の発展段階であり、創造的だとポパーはいう（二三七ページ参照）。これを逆に説明するのが還元主義であって、還元主義は、「下降原因論だ」とポパーは批判したのである。第一世界と第二世界との相互作用として展開された『自己とその脳』

で、ポパーは論理実証主義の多くが採っていた物理主義（すべてを物理学のタームで説明しようとする）、行動主義（ポパーにはふれられていないが、ハルのように心を〈媒介変数〉とするもの）などを批判し、第三世界に投錨している「パイロット」としての自己の統一性を主張した。自己は第一世界と異なった主観性という独自の世界をもち、言語使用によって第三世界につながる（宇宙、人間の進化のなかで自意識の発生はビッグ‐バンより大事件であったとポパーは語っている――『自己とその脳』エックレスとの対話）。逆に第三世界は、第二世界にフィードバックする。自然、人間、文化は階層的で相互作用をするというのがポパーの三つの世界論であった。「ゴルファーは弾道学の法則に従い、かつゴルフの規則を遵守し、かつ優雅に巧みに競技することができる」のである。コーンフォースは、ポパーは瞳孔縮小をひきおこしているといって、いま引用した文の否定文をもってポパーを批判した。このときコーンフォースの視野にポパーの「認識主体なき認識論」（一九六七）、「客観的精神の理論について」（一九六八）ははいっていなかった。それ以前に執筆したのであろう。

欠落した視点

ルイスはホモ‐サピエンスの出現とともに新しい進化がはじまったという。「自然の王国」から「文化の王国」へ移行したと。ポパーとどう違うのであろうか。ポパーのばあい、第三世界に投錨している自己の統一性が主張され、その基礎としての言語について多く語られているが、道具、技術についてはほとんどふれていないのである。第三世界がたんなる理論の世界にとどまらず、道具、技術として人間社会をどのように進歩させ、どのような矛盾を発生させ、人間がその機能をとりもどすためにどのような形態変化をひきおこさねばならないかという視点は、ポパーには欠けているのである。漸次的社会工学でとりつくろいながら、自由を保障されているかぎり、干渉主義によって進歩する、とポパーはいうのである。「経済生活が発展し……その形態がそれをつくった人間的必要をみたすためには不適格になり、人間的必要をみたすという機能にそぐわなくなると矛盾は増大する。……人間社会ではしばしばこの形態は修正をこばむ。この形態の維持を要望する階級によって人為的に維持されるから」とルイスはいう。第三世界まで飛翔した人間は、高くとびうるがゆえに奈落に、野獣以下にもなりうることは、ゲルニカで、南京で、そしてソンミでも明らかになった。そして、たんに「修正をこばみその形態の維持を要望する階級」のみでなく、抑圧されている人びとも手を血に染めるのである。エラスムスの「平和の訴え」はいまでも痛切な響きをもってわれわれに訴えてくる。しかし、こうした人間の悲惨さを自覚するのもまた人間なのである。

付　引用文は『自己とその脳』を除いて、巻末の参考文献の邦訳書、参考書からのものである。記して謝意を表する。

カール＝ポパー年譜

西暦	年齢	年譜	背景となる社会的事件と参考事項
一九〇二		7月28日、ウィーンで生まれる。	
〇五	3		1月22日、ペテルブルクで血の日曜日事件、第一次ロシア革命勃発。
〇六	4		ベルグソン『創造的進化』
一二	10	アルトゥル＝アルントを知る。	
一四	12		6月28日、オーストリア皇太子サラエヴォで暗殺される。 7月28日、オーストリア、セルビアに宣戦、第一次世界大戦はじまる。
一六	14		レーニン『帝国主義論』 フロイト『精神分析入門』
一七	15		11月7日、ロシア十月革命。
一八	16	不正規の学生としてウィーン大学に入学。	11月9日、第一次世界大戦終わる。 12月、オーストリア共産党結成。 シュリック『一般認識論』。

年	年齢	事項	社会・学問の動き
一九一九	17	アインシュタインの日蝕予測観測。	ビューラー『児童の精神的発達』 アドラー『個人心理学の理論と実際』 ラッセル『数理哲学序説』
二〇	18	ポパー、家を出て「学生の家」でくらす。 アドラーの児童補導相談所で奉仕。	アインシュタイン『エーテルと相対性理論』
二一	19		ブハーリン『史的唯物論の理論』 ウィトゲンシュタイン『論理哲学論考』 フロイト『群衆心理学と自己分析』
二二	20	大学入学試験に合格。ウィーン大学入学許可学生となる。 指物師のところで徒弟奉公。	10月31日、ムッソリーニ首相となる。 12月30日、ソヴィエト社会主義共和国連邦成立宣言。 シュリック、ウィーン大学教授に。
二四	22		1月21日、レーニン没(一八七〇～)。スターリン書記長となる。
二五	23	ウィーン教育研究所に入所。 ウィーン大学教授ビューラー、ファイグルを知る。	ヒトラー『わが闘争』
二六	24	H・ゴンペルツ、J・クラフトと交流。	
二七	25		ビューラー『心理学の危機』
二八	26	哲学博士論文「思考心理学の方法と問題」を提出。	カルナップ『世界の論理的構造』

年	年齢	年譜	参考事項
一九二九	27		10月1日、ソ連第一次五ヵ年計画発表。 ウィーン学団綱領発表。 10月24日、ウォール街の株式暴落。
三〇	28		ウィーン学団機関誌「認識」発刊。 シュリック『論理の諸問題』 ローゼンベルク『二〇世紀の神話』
三一	29		12月9日、スペイン共和国憲法発布。 フッサール『デカルト的省察』
三二	30	カルナップ、ファイグルとチロルへ。	1月9日、ドイツ賠償支払不能声明。 7月31日、ドイツ総選挙、ナチス第一党となる。
三三	31	「認識論の二つの根本問題」草稿完成。	3月1日、日本、国連脱退。 ノイラート『統一科学と心理学』
三四	32	『探求の論理』出版。 8月、プラハでタルスキーと会う。	7月25日、オーストリア、トルフス暗殺事件。
三五	33		7月14日、フランス、人民戦線結成。 8月20日、コミンテルン、人民戦線戦術を採用。
三六	34	イギリスのアリストテレス協会の会合に出席。	7月17日、スペイン内乱勃発。

一九三七	35	3月、イギリスの「大学人援護協会」の支援により、ニュージーランドのカンタベリー大学に赴任。	C・W・モリス『論理実証主義、プラグマチズム、科学的経験主義』 4月26日、ドイツ空軍ゲルニカ爆撃。
三八	36	『開かれた社会とその敵』、『歴史法則主義の貧困』を執筆しはじめる。	3月13日、ドイツ、オーストリア併合宣言。 11月9~10日、クリスタル-ナハト。
三九	37		ウィトゲンシュタイン、ケンブリッジ大学教授となる(ムーアの後任)。 8月23日、独ソ不可侵条約調印。 9月3日、英・仏、対独宣戦。
四〇	38	「弁証法とは何か」	
四一	39		6月22日、ドイツ、対ソ攻撃。 12月8日、日本、対米英宣戦布告。 12月11日、独・伊、対米宣戦。
四四	42	1月、エックレス、ニュージーランドのオタゴ大学に赴任。 「歴史法則主義の貧困」を「エコノミア」に発表。	
四五	43	1月、ロンドン大学に赴任。	2月、ヤルタ会談。 5月7日、ドイツ無条件降伏。 7月17日~8月2日、ポツダム会談。

年	年齢	事項	参考事項
一九四六	44	「なぜ論理と算術の計算体系は実在に適用可能か」	12月19日、仏軍、ベトナム軍攻撃。インドシナ戦争はじまる。
四七	45	「ユートピアと暴力」	カルナップ『意味と必然性』
四八	46	「バケツとサーチライト――二つの知識理論」 「合理的な伝統論に向けて」 「社会科学における予測と予言」	
四九	47		ライル『心の概念』
五〇	48	『開かれた社会とその敵』出版。	6月25日、朝鮮戦争勃発。
五一	49	バッキンガムシャー、ペンに居住。	4月29日、ウィトゲンシュタイン没。
五二	50	「ヒューマニズムと理性」 「哲学的諸問題の性格と科学におけるその根源」	
五三	51	「言語と心身問題」 「科学――推測と反駁」 「マッハとアインシュタインの先駆者　バークリー」	6月27日、朝鮮休戦協定成立。
五四	52	「世論と自由主義的原理」 「カントの純粋理性批判と宇宙論」 「日常言語における自己言及と意味」	5月7日、ベトナム人民軍、ディエンビエンフー占領。 7月21日、インドシナ休戦協定成立。
五五	53	「心身問題についてのノート」	4月18日、アジア・アフリカ会議、バンドンで平和十原則を採択。
五六	54	「知識に関する三つの見解」	2月14～25日、ソヴィエト共産党20

年	年齢	事項	関連事項
		「われわれの時代の歴史」	回大会（フルシチョフ、スターリンを批判）。 8月23日、ハンガリー事件おこる。
一九五七	55	「科学の目的」 「科学哲学」	
五八	56	『歴史法則主義の貧困』出版。 「ソクラテス以前の哲学者へ帰れ」	カルナップ『構文法と論理の形式化序論』
五九	57	「科学と形而上学の身分について」 『科学的発見の論理』（『探求の論理』の英訳）刊行。	1月1日、キューバ革命はじまる。 ストローソン『個体』
六〇	58	「知識と無知の根源について」 「真理、合理性、科学的知識の生長」	
六一	59	「進化と知識の木」	
六二	60	「科学と形而上学との境界設定」	12月、中ソ論争表面化。
六四	62		「科学、哲学への批判的アプローチ」（ポパー博士記念論文集）
六五	63	「雲と時計」	
六六	64	「論理学、物理学および歴史についての一実在論の見解」	8月8日、中国、プロレタリア文化大革命に関する決定。
六七	65	「認識主体なき認識論」	3月10日、ラッセル・サルトルら、

一九六八	66	「客観的精神の理論について」 『推測と反駁』出版。	ベトナム戦犯国際裁判開催を発表。 バンブロー編『プラトン、ポパー、政治学』 ピアジェ『生物学と認識』 チョムスキー『言語と精神』 8月20日、チェコ事件おこる。 コーンフォース『開かれた哲学と開かれた社会』
六九	67	ロンドン大学を退官。	
七〇	68	「常識の二つの顔」	ローレンツ『鏡の背面』 2月2日、ラッセル没（一八九九〜）。 エックレス『脳と実在』
七一	69	マルクーゼとテレビで対話討論。 タルスキーの真理についての哲学的論評。 ゾニング賞受賞。	
七二	70	『客観的知識』出版。	
七三	71		マギー『ポパー』
七四	72	『果てしなき探求』（シルプ編『カール・ポパーの哲学』全二巻）刊行。	ルイス『人間の独自性』
七五	73		4月23日、アメリカ、ベトナムからの

西暦	年齢	年譜	参考事項
			撤収を完了。 4月26日、南ベトナム解放勢力、サイゴン総攻撃開始。
一九七六	74		アッカーマン『カール・ポパーの哲学』
七七	75	エックレスと共著『自己とその脳』出版。	エックレス『脳—その構造と働き』 6月4日、ソ連新憲法草案公表。平和共存原則を明記。
七九	77	『認識論の二つの根本問題』出版。	マレルブ『カール・ポパーの哲学と論理実証主義』
八〇	78		R・ジェームス『ポパーへの回帰』 A・オヘア『カール・ポパー』
八二	80	『開かれた宇宙』(『科学的発見の論理』の補稿)出版。 『量子論と物理学の分裂』(同右)出版。	レヴィンソン編『真理を求めて』(ポパー生誕八〇周年記念論文集)
八三	81	『リアリズムと科学の目的』(同右)出版。	バーク『ポパーの哲学』
八五	83		ミラー『ポパー論文選集』
八九	87		ザラムン編『カール・ポパーと批判的合理主義の哲学』(ポパー生誕八五周年記念論文集)
九四	92	9月17日、死去。	

参考文献

●カール＝ポパーの著作の翻訳書

『歴史主義の貧困』　久野収・市井三郎訳 —— 中央公論社　一九六一
『科学的発見の論理』（上・下）　大内義一・森博訳 —— 恒星社厚生閣　一九七二
『自由社会の哲学とその論敵』（全二巻）　武田弘道訳 —— 世界思想社　一九七三
『客観的知識——進化論的アプローチ——』　森博訳 —— 木鐸社　一九七四
『果てしなき探求』　森博訳 —— 岩波書店　一九七八
『開かれた社会とその敵』（全二巻）　小河原誠・内田詔夫訳 —— 未来社　一九八〇
『推測と反駁』　森博・藤本隆志・石垣寿郎訳 —— 法政大学出版局　一九八〇

●本書に関する参考文献

〝*Plato, Popper and Politics*〟　ed. by Bambrough —— 一九六七
『開かれた哲学と開かれた社会』　コーンフォース著　城塚登ほか訳 —— 紀伊国屋書店　一九七二
『カール・ポパーの哲学』　高島弘文著 —— 東京大学出版会　一九七四
『人間この独自なるもの』　ジョン・ルイス著　野島徳吉・野島恵子訳 —— 紀伊国屋書店　一九七六
『ウィトゲンシュタインのウィーン』　トゥールミン、ジャニク著　藤村龍雄訳 —— ＴＢＳブリタニカ　一九七八

『カール・ポパー』　マギー著　森博監訳 ―――― 富士社会教育センター　一九八〇
『批判と知識の成長』　ラカトシュ、マスグレーヴ著　森博監訳 ―――― 木鐸社　一九八五
『ポパー哲学の挑戦』　バートリー著、小河原誠訳 ―――― 未来社　一九八六
"*Karl Popper und die Philosophie der Kritischen Rationalismus*" herausg. von Salamun ―――― 一九八九
『ポパーとウィトゲンシュタイン』　ルクール著　野崎次郎訳 ―――― 国文社　一九九二

なお、ポパーに関する研究書については、年譜の参考事項を参照されたい。

さくいん

【人　名】

【事　項】

【書名・論文名】

ポパー■人と思想85　　定価はカバーに表示

1990年 4 月10日　第 1 刷発行©
2015年 9 月10日　新装版第 1 刷発行©

・著　者 ……………………………… 川村 仁也
・発行者 ……………………………… 渡部 哲治
・印刷所 …………………………… 広研印刷株式会社
・発行所 ………………………… 株式会社 清水書院

〒102-0072　東京都千代田区飯田橋3-11-6
Tel・03(5213)7151～7
振替口座・00130-3-5283
http://www.shimizushoin.co.jp

検印省略

落丁本・乱丁本はおとりかえします。

Century Books　　Printed in Japan
ISBN978-4-389-42085-7

Century Books

清水書院の〝センチュリーブックス〟発刊のことば

近年の科学技術の発達は、まことに目覚ましいものがあります。月世界への旅行も、近い将来のこととして、夢ではなくなりました。しかし、一方、人間性は疎外され、文化も、商品化されようとしていることも、否定できません。

いま、人間性の回復をはかり、先人の遺した偉大な文化を継承して、高貴な精神の城を守り、明日への創造に資することは、今世紀に生きる私たちの、重大な責務であると信じます。

私たちがここに、「センチュリーブックス」を刊行いたしますのは、人間形成期にある学生・生徒の諸君、職場にある若い世代に精神の糧を提供し、この責任の一端を果したいためであります。

ここに読者諸氏の豊かな人間性を讃えつつご愛読を願います。

一九六七年

清水梼山

SHIMIZU SHOIN

【人と思想】 既刊本

老子	高橋 進
孔子	内野熊一郎他
ソクラテス	中野 幸次
釈迦	副島 正光
プラトン	中野 幸次
アリストテレス	堀田 彰
イエス	八木 誠一
親鸞	古田 武彦
ルター	小牧 治 泉谷周三郎
カルヴァン	渡辺 信夫
デカルト	伊藤 勝彦
パスカル	小松 摂郎
ロック	浜林正夫他
ルソー	中里 良二
カント	小牧 治
ベンサム	山田 英世
ヘーゲル	澤田 章
J・S・ミル	菊川 忠夫
キルケゴール	工藤 綏夫
マルクス	小牧 治
福沢諭吉	鹿野 政直
ニーチェ	工藤 綏夫
J・デューイ	山田 英世
フロイト	鈴村 金彌
内村鑑三	関根 正雄
ロマン＝ロラン	村上嘉隆 村上益子
孫文	横山英 中山義弘
ガンジー	坂本 徳松
レーニン	中野徹三 高岡健次郎
ラッセル	金子 光男
シュバイツァー	泉谷周三郎
ネルー	中村 平治
毛沢東	宇野 重昭
サルトル	村上 嘉隆
ハイデッガー	新井 恵雄
ヤスパース	宇都宮芳明
孟子	加賀 栄治
荘子	鈴木 修次
アウグスティヌス	宮谷 宣史
トーマス・マン	村田 經和
シラー	内藤 克彦
道元	山折 哲雄
ベーコン	石井 栄一
マザーテレサ	和田 町子
中江藤樹	渡部 武
ブルトマン	笠井 恵二
本居宣長	本山 幸彦
佐久間象山	奈良本辰也 左方郁子
ホッブズ	田中 浩
田中正造	布川 清司
幸徳秋水	絲屋 寿雄
スタンダール	鈴木昭一郎
和辻哲郎	小牧 治
マキアヴェリ	西村 貞二
河上肇	山田 洸
アルチュセール	今村 仁司
杜甫	鈴木 修次
スピノザ	工藤 喜作
ユング	林 道義
フロム	安田 一郎
マイネッケ	西村 貞二
エラスムス	斎藤 美洲
パウロ	八木 誠一
ブレヒト	岩淵 達治
ダンテ	野上 素一
ダーウィン	江上 生子
ゲーテ	星野 慎一
ヴィクトル＝ユゴー	辻昶 丸岡高弘
トインビー	吉沢 五郎
フォイエルバッハ	宇都宮芳明

平塚らいてう　小林登美枝
フッサール　加藤精司
ゾラ　尾崎和郎
ボーヴォワール　村上益子
カール=バルト　大島末男
ウィトゲンシュタイン　岡田雅勝
ショーペンハウアー　遠山義孝
マックス=ヴェーバー　住谷一彦他
D・H・ロレンス　倉持三郎
ヒューム　泉谷周三郎
シェイクスピア　福田陸太郎　菊川倫子
ドストエフスキイ　井桁貞義
エピクロスとストア　堀田彰
アダム=スミス　浜林正夫　鈴木亮
ポパー　川村仁也
フンボルト　西村貞二
白楽天　花房英樹
ベンヤミン　村上隆夫
ヘッセ　井手賁夫
フィヒテ　福吉勝男
大杉栄　高野澄
ボンヘッファー　村上伸
ケインズ　浅野栄一
エドガー=A=ポー　佐渡谷重信

ウェスレー　野呂芳男
レヴィ=ストロース　吉田禎吾他
ブルクハルト　西村貞二
ハイゼンベルク　小出昭一郎
ヴァレリー　山田直
プランク　高田誠二
ラヴォアジエ　中川鶴太郎
T・S・エリオット　徳永暢三
シュトルム　宮内芳明
マーティン=L=キング　梶原寿
ペスタロッチ　長尾十三二　福田弘
玄奘　三友量順
ヴェーユ　冨原眞弓
ホルクハイマー　小牧治
サン=テグジュペリ　稲垣直樹
西光万吉　師岡佑行
ヴァイツゼッカー　加藤常昭
メルロ=ポンティ　村上隆夫
オリゲネス　小高毅
トマス=アクィナス　稲垣良典
ファラデーとマクスウェル　後藤憲一
津田梅子　古木宜志子
シュニツラー　岩淵達治

タゴール　丹羽京子
カステリョ　出村彰
ヴェルレーヌ　野内良三
コルベ　川下勝
ドゥルーズ　鈴木亨
「白バラ」　関楠生
リジュのテレーズ　菊地多嘉子
リッター　西村貞二
プルースト　石木隆治
ブロンテ姉妹　青山誠子
ツェラーン　森治
ムッソリーニ　木村裕主
モーパッサン　村松定史
大乗仏教の思想　副島正光
解放の神学　梶原寿
ミルトン　新井明
ティリッヒ　大島末男
神谷美恵子　江尻美穂子
レイチェル=カーソン　太田哲男
オルテガ　渡辺修
アレクサンドル=デュマ　辻昶　稲垣直樹
西行　渡部治
ジョルジュ=サンド　坂本千代
マリア　吉山登

ラス=カサス	染田 秀藤
吉田松陰	高橋 文博
パステルナーク	前木 祥子
パース	岡田 雅勝
南極のスコット	中田 修
アドルノ	小牧 治
良寛	山崎 昇
グーテンベルク	戸叶 勝也
ハイネ	一條 正雄
トマス=ハーディ	倉持 三郎
古代イスラエルの預言者たち	木田 献一
シオドア=ドライサー	岩元 巌
ナイチンゲール	小玉香津子
ザビエル	尾原 悟
ラーマクリシュナ	堀内みどり
フーコー	今村 仁司 栗原 仁
トニ=モリスン	吉田 廸子
悲劇と福音	佐藤 研
リルケ	星野 慎一 小磯 仁
トルストイ	八島 雅彦
ミリンダ王	森 祖道 浪花 宣明
フレーベル	小笠原道雄
ヴェーダからウパニシャッドへ	針貝 邦生
ベルイマン	小松 弘
アルベール=カミュ	井上 正
バルザック	高山 鉄男
モンテーニュ	大久保康明
ミュッセ	野内 良三
ヘルダリーン	小磯 仁
チェスタトン	山形 和美
キケロー	角田 幸彦
紫式部	沢田 正子
デリダ	上利 博規
ハーバーマス	小牧 治 村上 隆夫
三木清	永野 基綱
グロティウス	柳原 正治
シャンカラ	島 岩
ハンナ=アーレント	太田 哲男
ミダース王	西澤 龍生
ビスマルク	加納 邦光
オパーリン	江上 生子
アッシジのフランチェスコ	川下 勝
スタール夫人	佐藤 夏生
セネカ	角田 幸彦
ペテロ	川島 貞雄
ジョン・スタインベック	中山喜代市
漢の武帝	永田 英正
アンデルセン	安達 忠夫
ライプニッツ	酒井 潔
アメリゴ=ヴェスプッチ	篠原 愛人
陸奥宗光	安岡 昭男